Jutta Schütz wurde in Lebach (Saarland) geboren.

Mit ihrem ersten Bestseller „Plötzlich Diabetes" (2008) gilt die Autorin bei Kritikern als Querdenkerin. 2010 startete sie mit ihren Gesundheitsbüchern ihr Pilotprojekt in Bruchsal und später bei der VHS in Wolfsburg. Sie hat bis heute über 40 Bücher geschrieben und an vielen anderen Büchern mitgewirkt. Als Journalistin schreibt Schütz für viele Verlage und Zeitungen. Ihre Themen sind: Gesundheit, Psychologie, Kunst, Literatur, Musik, Film, Bühne, Entertainment.

Mehr Infos finden Sie auf den Webseiten der Autorin:

www.jutta-schuetz-autorin.de/

http://kinder-entdecken.jimdo.com/

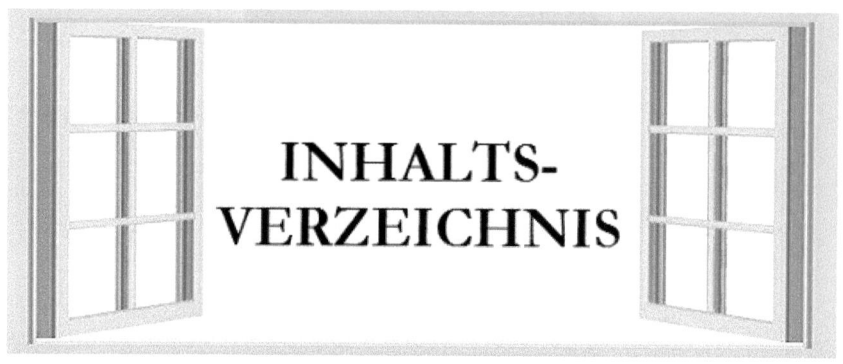

INHALTS-VERZEICHNIS

06 Vorwort
07 Geschäftsmäßige Sterbehilfe ist strafbar
09 Der neue Sterbehilfe-Paragraf
10 Arten der Sterbehilfe
15 Patientenverfügung
22 Selbstmord, wer trägt die Schuld?
26 Der Tod und die Trauerbewältigung
31 Wie können Sie einem Trauernden helfen?
34 Kann uns Religion helfen?
41 Was ist unsere Seele?
45 Positives Denken
59 Gibt es Botschaften aus dem Jenseits
64 Nachwort
65 PSYCHOLOGIE KURZ UND KNAPP VERPACKT

Der Tod ist kein Unglück für den, der stirbt, sondern für den, der überlebt. Karl Marx (1818 - 1883), deutscher Philosoph, Sozialökonom und sozialistischer Theoretiker)

© 2015 Autor: Jutta Schütz (1. Auflage)

© 2015 Buchsatz, Layout, Buchgestaltung
© 2015 Buchidee: Jutta Schütz
www.jutta-schuetz-autorin.de/
http://kinder-entdecken.jimdo.com/
E-Mail: info.jschuetz@googlemail.com

© 2015 Herstellung und Verlag:
BoD – Books on Demand, Norderstedt

ISBN 978-3-73920-829-9

Bibliografische Information der Deutschen Nationalbibliothek:
Die Deutsche Nationalbibliothek verzeichnet diese Publikation in der Deutschen Nationalbibliografie; detaillierte bibliografische Daten sind im Internet über http://dnb.d-nb.de abrufbar.

MIX
Papier aus verantwortungsvollen Quellen
Paper from responsible sources
FSC® C105338
FSC
www.fsc.org

Jutta Schütz

Sterbehilfe

Die Erinnerung bleibt für immer

Vorwort

Wenn es keine Heilung mehr gibt – keinen Weg zurück ins Leben, dann wünschen wir uns und jedem anderen Menschen auch, dass WIR gut aufs Sterben vorbereitet sind, egal wie krank oder wie alt wir sind.

Die Werthaltungen, Wünsche und Bedürfnisse schwerkranker und sterbender Menschen sind aber sehr unterschiedlich.

Wenn ein Mensch unheilbar krank ist und unter großen Schmerzen leidet, ist bei dem Betroffenen oder seinen Angehörigen der Gedanke an Sterbehilfe oft nicht mehr sehr weit weg.

Allerdings gibt es neben Argumenten für das DAFÜR auch Argumente für das DAGEGEN.

Und auch rechtlich gesehen ist die aktive Sterbehilfe in Deutschland anders geregelt als in anderen Ländern.

Mit der sogenannten Patientenverfügung, die im Jahr 2009 in Deutschland eingeführt wurde, kann der Patient zumindest teilweise frei über sein Lebensende entscheiden.

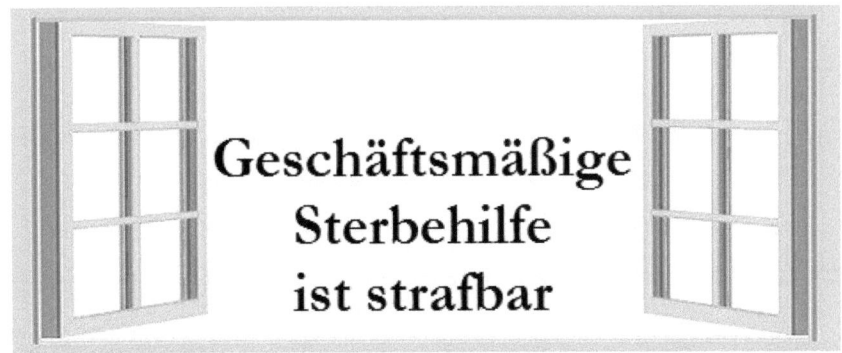

Geschäftsmäßige Sterbehilfe ist strafbar

Der Bundestag hat sich am 06. November 2015 für ein Verbot der geschäftsmäßigen Sterbehilfe entschieden. Ärzte, die Hilfe zum Suizid leisten (Einzelfallentscheidungen), sollen aber straffrei bleiben.

Was „geschäftsmäßige Sterbehilfe" bedeutet, müssen dann die Gerichte klären!

Der Bundestag hat mit Mehrheit einen Gesetzentwurf beschlossen, der von einer Abgeordnetengruppe um Michael Brand (CDU) und Kerstin Griese (SPD) vorgelegt worden war. Der Antrag erhielt insgesamt 360 der 602 abgegebenen Stimmen.

Diese Entscheidung bedeutet nun, dass von Vereinen „organisierte Sterbehilfe" in Zukunft NICHT erlaubt ist, egal ob kommerzielle Zwecke verfolgt werden oder nicht.

Das heißt, dass demnach Vereine oder Einzelpersonen künftig keine Beihilfe zum Suizid als Dienstleistung anbieten dürfen. Der Abstimmung ohne Fraktionszwang war eine einjährige Meinungsbildung über die heikle Gewissensfrage in Parlament und Öffentlichkeit vorausgegangen.

Bis zu drei Jahren Haft drohen, wenn einem Sterbewilligen, geschäftsmäßig ein tödliches Medikament gewährt wird.

Sterbehilfevereine agierten bislang in einer rechtlichen Grauzone.

Vor einer Bestrafung wären allerdings Angehörige und nahestehende Personen geschützt, wenn sie Hilfe zum erwünschten Suizid leisten. Ebenso sollen auch Einzelfallentscheidungen von Ärzten NICHT sanktioniert werden.

Die Verfasser begründeten ihren Vorschlag damit, dass sie einen Gewöhnungseffekt der Gesellschaft an Suizidhilfe und eine Bedrängung alter und kranker Menschen vermeiden wollen.

Zitat aus dem Artikel „Frankfurter neue Presse"

Brand und Griese warnten davor, dass Menschen zu einem Suizid gedrängt werden könnten. „Es geht auch um den Schutz von Menschen vor gefährlichem Druck", sagte Brand. Griese meinte, niemand solle unter Druck geraten, vorzeitig aus dem Leben zu scheiden, selbst wenn noch gute Tage möglich seien. Brand beteuerte: „Unser Gesetzentwurf beinhaltet keine Kriminalisierung von Ärzten."

Quelle: Frankfurter neue Presse vom 06.11. 2015

Bundestag beschließt Verbot geschäftsmäßiger Sterbehilfe

http://www.fnp.de/nachrichten/politik/tagesthema/Bundestag-beschliesst-Verbot-geschaeftsmaessiger-Sterbehilfe;art123,1685018

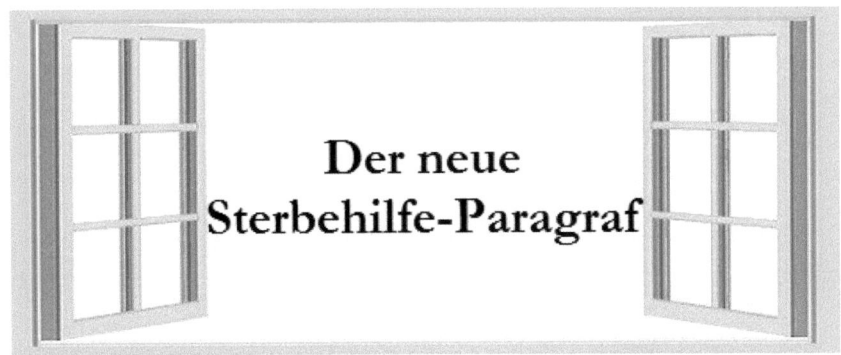

Der neue Sterbehilfe-Paragraf

Der neue Paragraf, der auf die umstrittenen Sterbehilfe-Vereine zielt, wird im Strafgesetzbuch eingefügt.

Hinter dem Paragrafen, der die Tötung auf Verlangen verbietet, findet sich ab sofort unter Nummer 2017 folgender Passus:

Geschäftsmäßige Förderung der Selbsttötung

➤ (1) Wer in der Absicht, die Selbsttötung eines anderen zu fördern, diesem hierzu geschäftsmäßig die Gelegenheit gewährt, verschafft oder vermittelt, wird mit Freiheitsstrafe bis zu drei Jahren oder mit Geldstrafe bestraft.

➤ (2) Als Teilnehmer bleibt straffrei, wer selbst nicht geschäftsmäßig handelt und entweder Angehöriger des in Absatz 1 genannten anderen ist oder diesem nahesteht.

Arten der Sterbehilfe

Der Begriff Sterbehilfe wird abgeleitet von dem griechischen Wort Euthanasie. Dies bedeutet: leichter und/oder schöner Tod.

„Euthanasie" wird in Deutschland so gut wie nicht verwendet, da er aus der Zeit des Nationalsozialismus stammt.

Es gibt verschiedene Sterbehilfen:

➤ Aktive Sterbehilfe (Töten auf Verlangen)

➤ Passive Sterbehilfe (Verzicht auf lebensverlängernde Maßnahmen oder künstliche Beatmung usw.)

➤ Indirekte Sterbehilfe (medikamentöse – mit einer unbeabsichtigten Beschleunigung des Sterbens einhergehende Schmerzlinderung)

➤ Assistierter Suizid (Beihilfe zum Freitod)

Es ist sehr schwierig, sachlich über dieses sensible Thema zu diskutieren, da die juristische Bedeutung der verschiedenen Begriffe oft unklar ist. Eine Umfrage der Bundesärztekammer ergab, dass mehr als 50% der Ärzte die Begriffe „passive" und „aktive" Sterbehilfe verwechseln.

Aktive Sterbehilfe (Töten auf Verlangen)

Es wird ein tödlich wirkendes Mittel von außen aktiv verabreicht. Der Patient nimmt es also nicht selbst zu sich. Das ist der Unterschied zum assistierten Suizid.

Es wird also bewusst und vorsätzlich ein neuer Kausalverlauf in Gang gesetzt, der unmittelbar und kurzfristig zum Tod führen soll.

Wenn der Patient erkennbar:

➢ unzurechnungsfähig

➢ depressiv

➢ unter äußerem Druck stand

bestehen Zweifel am „ernstlichen Verlangen". In diesem Fall ist eine Verurteilung wegen Totschlags denkbar (§ 212 StGB).

Strafgesetzbuch (StGB)§ 212 Totschlag

(1) Wer einen Menschen tötet, ohne Mörder zu sein, wird als Totschläger mit Freiheitsstrafe nicht unter fünf Jahren bestraft.

(2) In besonders schweren Fällen ist auf lebenslange Freiheitsstrafe zu erkennen.

Passive Sterbehilfe
(Verzicht auf lebensverlängernde Maßnahmen oder künstliche Beatmung usw.)

Unter dem Begriff „passiver Sterbehilfe" versteht man das Nichtergreifen oder Nichtfortführen lebenserhaltender Maßnahmen aus ethischen, medizinischen und humanitären Gründen, oder wenn keine Patientenverfügung vorliegt.

Im Unterschied zur aktiven Sterbehilfe wird hier also kein neuer Kausalverlauf (durch Gabe eines tötenden Mittels) gesetzt.

Man lässt den natürlichen Sterbeprozess geschehen.

Besteht eine Patientenverfügung, kommt es auf seinen letzten früher geäußerten Willen an.

Die passive Sterbehilfe ist der Anwendungsbereich für Patientenverfügungen. Die passive Sterbehilfe ist nicht strafbar, sondern Ausdruck des Selbstbestimmungsrechts des Patienten.

Die Ärzteschaft spricht ungern von passiver Sterbehilfe, sondern bevorzugt den Begriff Sterbebegleitung.

Indirekte Sterbehilfe

(medikamentöse – mit einer unbeabsichtigten Beschleunigung des Sterbens einhergehende Schmerzlinderung)

Als "indirekte Sterbehilfe" wurden bis vor einiger Zeit noch palliativmedizinische Maßnahmen bezeichnet (die Gabe schmerzlindernder Medikamente mit möglicherweise lebensverkürzenden Nebenwirkungen).

Dies trifft jedoch nicht zu. Die Intention der Ärzte ist nicht auf den Tod gerichtet. Medizinische Untersuchungen bestätigen, dass palliativmedizinische Maßnahmen die letzte Lebensphase auch verlängern können. Es werden solche Medikamente zur Linderung von Beschwerden eingesetzt, die als Nebenwirkung die Lebensdauer aber auch verkürzen können. Dies erfolgt in Krankenhäusern regelmäßig mit Morphin im Endstadium einer Krebserkrankung.

Zu unterscheiden ist:

- der Beihilfe zur Selbsttötung
- dem ärztlichen Behandlungsabbruch auf Verlangen
- dem Ausschalten von Geräten, Unterlassen von Reanimationsversuchen (wenn der Hirntod bereits eingetreten ist)
- der Hilfe im Sterbeprozess (durch das Verabreichen von Medikamenten)

Assistierter Suizid (Beihilfe zum Freitod)

Unter einem assistierten Suizid versteht man die „Beihilfe zur Selbsttötung".

Das heißt: Der Sterbewillige nimmt selbstständig eine Substanz zur Selbsttötung ein. Diese wurde ihm von einer anderen Person, das heißt einem Angehörigen oder nahestehenden Menschen, einem Arzt oder Sterbehelfer zu diesem Zweck zur Verfügung gestellt.

Weitere Quellen:

http://www.3sat.de/page/?source=/nano/glossar/sterbehilfe.html

http://www.renate-kuenast.de/presse/positionspapier-sterbehilfe/

Die Rechtslage in Deutschland sieht so aus, dass die Selbsttötung NICHT strafbar ist – so auch die Beihilfe zur Selbsttötung vom Grundsatz her auch nicht.

Es ist aber möglich, dass die Strafbarkeit wegen eines Unterlassungsdelikts strafrechtlich verfolgt wird.

Die sogenannte Garantenpflicht ist ein wichtiger Punkt! Derjenige, der der Selbsttötung beiwohnt, ist unter Umständen dazu verpflichtet, dem bewusstlosen Suizidenten Hilfe zu leisten. Wenn er das nicht tut, kann das als unterlassene Hilfestellung oder Totschlag durch Unterlassen eingestuft werden. Wenn aber eine eindeutige Willensbekundung des Suizidenten vorliegt, wird von der Garantenpflicht abgesehen.

Es kann auch ein Verstoß gegen das Arzneimittelgesetzt oder Betäubungsmittelgesetz vorgeworfen werden.

Die ärztliche Musterberufsordnung (wird von der Bundesärztekammer aufgestellt), verbietet Ärzten einen assistierten Suizid durchzuführen. Nicht alle Bundesländer haben diese Ordnung übernommen.

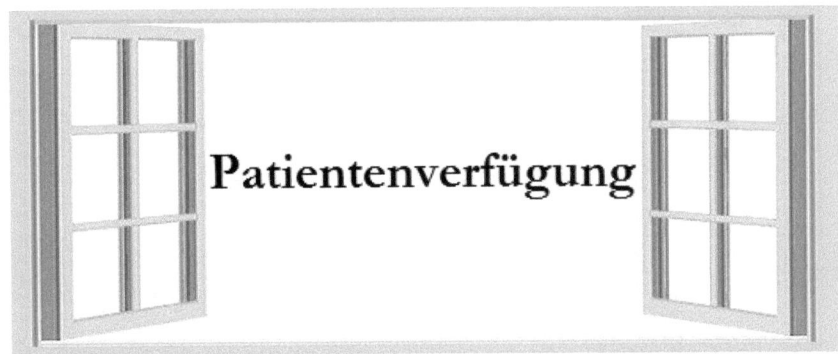

Patientenverfügung

Die Patientenverfügung ist eine schriftliche Vorausverfügung einer Person für den Fall, dass SIE ihren Willen nicht mehr wirksam erklären kann. Seit 2009 ist die Patientenverfügung gesetzlich verankert und stärkt so die Rechte der Patienten (3. Gesetz zur Änderung des Betreuungsrechts – BGBl I, S. 2286).

Die Patientenverfügung legt fest, wie man in bestimmten Situationen behandelt werden möchte, wenn man seinen Willen nicht mehr selbst äußern kann.

Die Ärzte müssen sich prinzipiell auch daran halten, denn eine Patientenverfügung ist laut Richtlinien der Bundesärztekammer bindend.

Leider fehlt in den Berufsordnungen der Landesärztekammern eine Regelung, aus diesen Gründen kommt es oft zu Missverständnissen und Irrtümern.

Angehörige sollten zunächst versuchen, noch einmal mit den Ärzten zu reden.

Es gibt Patientenschutzorganisationen, die als Vermittler helfen können. Zum Beispiel:

www.patientenverfuegung.de

www.hospize.de

Wenn Gespräche nicht helfen, können Sie „mithilfe eines Anwaltes" die Ärzte zur Umsetzung der Patientenverfügung zwingen.

Der Rechtsbeistand macht dem Arzt klar, dass Zuwiderhandeln vorsätzliche Körperverletzung darstellt.

Leider ist es so, dass Rechtsschutzversicherungen diese Fälle nicht übernehmen müssen. Bitte klären Sie das mit Ihrer Versicherung vorzeitig ab.

Bei der Patientenverfügung ist es wichtig, dass Sie Ihre Wünsche klar aufschreiben. Hier reicht die so genannte einfache Schriftform aus. Das Schriftstück muss NICHT von einem Notar beglaubigt werden. Wichtig ist aber, dass Sie Ihre Verfügung regelmäßig erneuern, so wissen die Ärzte, dass das Dokument Ihren aktuellen Willen enthält.

Die Person, die Sie bevollmächtigt haben, sollte den Inhalt Ihrer Patientenverfügung kennen. Geben Sie ihr eine Kopie und lassen Sie sie wissen, wo Sie das Original aufbewahren. Je ausführlicher Sie darüber hinaus mit ihr über Wertvorstellungen und Glaubensüberzeugungen sprechen, desto besser wird Ihr Bevollmächtigter Sie in Ihrem Sinne vertreten können.

Wenn eine Patientenverfügung vorliegt, sollte der Verfügende dies bei Spitaleintritt dem behandelnden Arzt mitteilen.

Wenn ein Unfall oder Notfall eintritt, dann kann in der Regel nicht abgeklärt werden, ob eine Patientenverfügung vorliegt. Die nötigen lebenserhaltenden Maßnahmen werden (müssen) sofort eingeleitet. Danach MUSS aber geprüft werden, ob eine Patientenverfügung verfasst wurde und diese muss bei der Behandlungsplanung einbezogen werden. Das heißt, dass möglicherweise bestimmte medizinische Maßnahmen abgebrochen werden müssen.

Wenn man keine Patientenverfügung hat, glauben viele, könnte ein Angehöriger entscheiden. Das ist NICHT der Fall. Ohne dieses Dokument MUSS der Arzt versuchen, den mutmaßlichen Willen zu ermitteln.

Ärzte müssen sich in der Regel an die Bestimmungen in der Patientenverfügung halten, diese greift aber nur dann, wenn genau die Situation vorliegt, die darin beschrieben steht. Angaben, die aktive Sterbehilfe beinhalten, sind ungültig.

Der Verfasser einer Patientenverfügung muss zum Zeitpunkt des Verfassens volljährig und einwilligungsfähig sein und die Verfügung aus freien Stücken erstellen.

Das Dokument muss immer in schriftlicher Form vorliegen, egal ob handgeschrieben oder mit dem Computer. Es muss den Namen, Datum sowie die Unterschrift enthalten.

Hilfreich wäre, wenn ein Zeuge zusätzlich mit einer Unterschrift bezeugt, dass Sie zum Zeitpunkt des Verfassens im Vollbesitz Ihrer geistigen Kräfte waren. So verhindern Sie, dass die Aussagen der Patientenverfügung angezweifelt werden. Dieser Zeuge kann ein naher Verwandter sein, dem Sie vertrauen, oder der Hausarzt.

Es gibt im Internet Vordrucke und vielleicht hat auch Ihr Hausarzt solche Dokumente zur Verfügung. Nehmen Sie sich aber auf jeden Fall die Zeit, eine Patientenverfügung eigenständig zu formulieren. Beschreiben Sie, was sie ablehnen oder was Sie wünschen. Je konkreter Sie werden, desto besser.

Weitere Quellen:

http://www.caritas.de/hilfeundberatung/ratgeber/alter/pflegeund
betreuung/patientenverfuegung-und-vorsorgevollmacht

http://www.bundesanzeiger-
verlag.de/betreuung/wiki/Patientenverf%C3%BCgung

So könnte eine Patientenverfügung aussehen:

Patientenverfügung

ICH (Name und Vorname):

Geboren am:

Genaue Anschrift (Postleitzahl, Ort, Straße, Hausnummer)

Ich verfasse hiermit für den Fall, dass ich meinen Willen nicht mehr bilden oder verständlich äußern kann, folgende Patientenverfügung:

Ich treffe die nachfolgenden Bestimmungen für folgenden Fall:

➢ Wenn ich mich aller Wahrscheinlichkeit nach unabwendbar im unmittelbaren Sterbeprozess befinde.

➢ Wenn ich mich im Endstadium einer unheilbaren, tödlich verlaufenden Krankheit befinde, selbst wenn der Todeszeitpunkt noch nicht absehbar ist.

➢ Wenn ich infolge einer Gehirnschädigung meine Fähigkeit, Einsichten zu gewinnen, Entscheidungen zu treffen und mit anderen Menschen in Kontakt zu treten, nach Einschätzung zweier erfahrener Ärzte aller Wahrscheinlichkeit nach unwiederbringlich erloschen ist, selbst wenn der Tod noch nicht absehbar ist. Dies gilt für direkte Gehirnschädigung z. B. durch Unfall, Schlaganfall, Entzündung oder fortgeschrittenen Hirnabbauprozess ebenso wie für indirekte Gehirnschädigung, z. B. nach Wiederbelebung, Schock oder Lungenversagen. Es ist mir bewusst, dass in solchen Situationen die Fähigkeit zu Empfindungen erhalten sein kann und dass ein Aufwachen aus diesem Zustand nicht ganz sicher auszuschließen, aber unwahrscheinlich ist.

➢ Wenn ich infolge eines weit fortgeschrittenen Hirnabbauprozesses (z. B. bei Demenzerkrankung) auch mit ausdauernder Hilfestellung nicht mehr in der Lage bin, Nahrung und Flüssigkeit auf natürliche Weise zu mir zu nehmen.

➢ Eigene Beschreibung der Anwendungssituation (wenn gewünscht):

In allen oben beschriebenen und angekreuzten Situationen wünsche ich:

➢ das Unterlassen lebenserhaltender Maßnahmen, die nur den Todeseintritt verzögern und dadurch mögliches Leiden unnötig verlängern würden. Hunger und Durst sollen auf natürliche Weise gestillt werden, gegebenenfalls mit Hilfe bei der Nahrungs- und Flüssigkeitsaufnahme. Ich wünsche fachgerechte Pflege von Mund und Schleimhäuten sowie menschenwürdige Unterbringung, Zuwendung, Körperpflege und das Lindern von Schmerzen, Atemnot, Übelkeit, Angst, Unruhe und anderer belastender Symptome.

➢ bewusstseinsdämpfende Mittel zur Beschwerdelinderung, wenn alle sonstigen medizinischen Möglichkeiten zur Schmerz- und Symptomkontrolle versagen. Die Möglichkeit einer Verkürzung meiner Lebenszeit hierdurch nehme ich in Kauf.

➢ keine künstliche Ernährung (weder über eine Sonde durch den Mund, die Nase oder die Bauchdecke noch über die Vene).

➢ die Reduzierung künstlicher Flüssigkeitszufuhr nach ärztlichem Ermessen.

➢ keine Wiederbelebungsmaßnahmen.

➢ keine künstliche Beatmung, unter der Voraussetzung, dass ich Medikamente zur Linderung der Luftnot erhalte. Die Möglichkeit einer Bewusstseinsdämpfung oder einer ungewollten Verkürzung meiner Lebenszeit durch diese Medikamente nehme ich in Kauf.

> keine Gabe von Antibiotika, es sei denn, sie dienen nur der Linderung meiner Beschwerden.

> keine Bluttransfusion.

Ich möchte:

> zum Sterben ins Krankenhaus verlegt werden.

> wenn irgend möglich, zu Hause bzw. in vertrauter Umgebung sterben.

> wenn möglich, in einem Hospiz sterben.

Ich wünsche:

> Beistand durch folgende Personen:

> Beistand durch eine Vertreterin oder einen Vertreter folgender Kirche oder Weltanschauungsgemeinschaft.

> hospizlichen Beistand.

Ich habe zusätzlich zur Patientenverfügung eine Vorsorgevollmacht für Gesundheitsangelegenheiten erteilt und den Inhalt dieser Patientenverfügung mit der von mir bevollmächtigten Person besprochen.

Bevollmächtigte oder Bevollmächtigter:

Ich habe anstelle einer Vorsorgevollmacht eine Betreuungsverfügung zur Auswahl eines Betreuers erstellt.

Gewünschte Betreuerin oder gewünschter Betreuer:

Ich habe diese Verfügung nach sorgfältiger Überlegung im Vollbesitz meiner geistigen Kräfte in eigener Verantwortung und ohne äußeren Druck erstellt. Sie ist Ausdruck meines Selbstbestimmungsrechts. Des Inhalts und der Konsequenzen meiner darin getroffenen Entscheidungen bin ich mir bewusst.

Ich erwarte, dass der in meiner Patientenverfügung geäußerte Wille zu bestimmten ärztlichen und pflegerischen Maßnahmen von den behandelnden Ärztinnen und Ärzten und dem Behandlungsteam befolgt wird. Meine Vertreterin oder mein Vertreter soll dafür Sorge tragen, dass mein Wille durchgesetzt wird.

Soweit ich bestimmte Behandlungen ablehne, verzichte ich ausdrücklich auf eine

(weitere) ärztliche Aufklärung.

Mir ist bekannt, dass ich die Patientenverfügung jederzeit abändern oder insgesamt widerrufen kann.

....

Ort, Datum Unterschrift

Ich habe den Inhalt der Patientenverfügung überprüft. Sie entspricht auch heute noch in vollem Umfang meinem Willen.

....

Ort, Datum Unterschrift

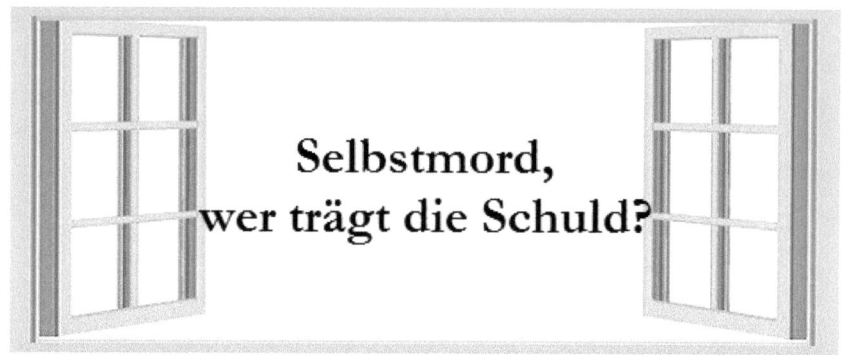

Selbstmord,
wer trägt die Schuld?

Eine Schuldzuweisung für einen Menschen, der sich umgebracht hat, ist etwas Furchtbares. Die Hinterbliebenen, die in dieser schrecklichen Situation stecken, haben selbst oft mit Schuldkomplexen zu kämpfen und fragen sich, ob sie es hätten verhindern können.

Ich bin der Meinung, dass man nicht sagen kann, dass jemand SCHULD am Suizid eines anderen ist. Diese Entscheidung trifft immer der Betreffende selbst, auch wenn es noch so furchtbar für seine Angehörigen sein mag.

Das Umfeld ist froh, dass sie jemand anderen schuldig erklären können, sie werden sich dennoch nicht ewig damit beruhigen können, denn sie selbst konnten auch nicht helfen…

Es wird noch ein schmerzvoller Weg für alle, aber Schuld ist daran keiner und auch nicht der Partner, der sich getrennt hat.

In Deutschland begeht etwa alle 50 Minuten ein Mensch Suizid, insgesamt sterben so mehr als 10 000 Menschen pro Jahr und 60 Prozent der Suizidopfer hatten Depressionen. Hier kann nur noch ein Arzt helfen.

Es ist so, dass die Hinterbliebenen von Selbstmördern mit aufgeschobener Trauer, Wut, Missbilligung und Scham zu kämpfen haben. Scheuen Sie nicht davor zurück, professionelle Hilfe bei einem Psychologen oder Sozialpädagogen in Anspruch zu nehmen.

Nach einem Suizid haben die Hinterbliebenen selten die Möglichkeit, sofort zu trauern. Es passiert einfach zu viel: Das Zimmer wird versiegelt, der Leichnam zur Obduktion gegeben, die Polizei stellt Fragen, und es wird ein Abschiedsbrief gesucht.

Die Leute sind schockiert und vielleicht auch traumatisiert, wenn sie so etwas erfahren. Über mehrere Stunden oder Tage hinweg befinden sie sich oft wie in einem Nebel, ohne das Geschehen richtig erfassen zu können. Manche sagen, sie fühlen sich wie in Watte gepackt: Die Außenwelt dringt nicht zu ihnen, alles ist dumpf und unwirklich. Viele sind nicht in der Lage, überhaupt etwas zu empfinden. Der Schrecken, der Schmerz und die Trauer kommen erst später und können sehr heftig auf die Betreffenden hereinbrechen.

Vom Umfeld wird vielleicht versucht einen Schuldigen zu finden – die Schuldzuweisungen wandern hin und her, wer denn nun schuld ist, dass der- oder diejenige nicht mehr lebt.

Die Hinterbliebenen verstehen nicht, wie ein geliebter Mensch ihnen so etwas Schreckliches antun konnte. Unverständnis, Erschrecken oder Wut überschatten den Verlust. Direkt darauf kommen jedoch auch Schuldgefühle hoch, und es tauchen Fragen auf wie "Hätte ich etwas tun können?" oder "Habe ich etwas übersehen?" Es gibt plötzlich sehr viele widersprüchliche Gefühle gegenüber dem Verstorbenen, die bei anderen Toden so nicht vorkommen.

Trauer hat natürlich ähnliche Symptome wie eine Depression. Aber auch wenn es viele Parallelen gibt, ist es zunächst keine. Fakt ist allerdings auch, dass eine verhinderte oder erschwerte Trauer langfristig zu psychischen Leiden wie Depressionen, Angststörungen oder auch Panikattacken führen kann. Man weiß, dass ein Drittel der Menschen, die solch dramatische Ereignisse erleben, solche Störungen entwickeln.

Hinterbliebene gelten unter Experten als Risikogruppe, die stärker suizidgefährdet ist als der Rest der Bevölkerung. Früher sprach man hier vom "Werther-Effekt": Der Suizid wird als Lösung einer schwierigen Situation vorgelebt und wird so zum Modell, das Nachahmer findet.

Oft litten Selbstmörder an psychischen Erkrankungen wie z. B. an Schizophrenie.

Etwa 13.000 Menschen werden in Deutschland Jahr für Jahr mit der Diagnose Schizophrenie konfrontiert. Die Familien- und Zwillingsstudien zeigen, dass bei Schizophrenie und der Suche nach ihren Ursachen die Vererbung eine große Rolle spielt.

Schizophrenie ist eine Diagnose für psychische Störungen des Denkens und der Wahrnehmung (Affektivität). Es werden verschiedene symptomatische Erscheinungsformen unterschieden. Es ist eine der häufigsten Diagnosen im stationären Bereich der Psychiatrie.

Am 24.04.1908 wurde der Begriff „Schizophrenie" von dem Schweizer Psychiater Eugen Bleuler vorgestellt (Prognose der Dementiapraecox).

Schizophrenie hat mit einer Persönlichkeitsspaltung nichts zu tun. Es wird in der Wissenschaft immer noch diskutiert, ob es sich bei der Schizophrenie um eine einzige Krankheit (Entität) handelt oder ob sie eine inhomogene Gruppe von Erkrankungen mit unterschiedlichen Ursachen darstellt. Menschen, die an dieser Krankheit leiden, sind sehr streitsüchtig und denken auch, sie haben immer Recht.

Im Gegensatz zu der Krankheit „Demenz" zerstört die Schizophrenie nicht alle kognitiven Funktionen. Die Symptome dieser Krankheit hängen zu einem gewissen Grad von der Persönlichkeit ab und die Symptome sind sehr variabel und können sich am Tage öfters ändern.

Häufig treten akustische Halluzinationen auf und etwa 80% der an einer schizophrenen Psychose Erkrankten hören Stimmen. Diese Stimmen können plötzlich von Sätzen, die umstehende Menschen sagen, auftreten. Ein Betroffener glaubt zum Beispiel, von Außerirdischen oder Geistern beobachtet oder entführt zu werden. Er leidet oft an Verfolgungswahn oder dass Nachbarn, Freunde, Familie oder andere ihn schädigen wollen. Häufig haben die Kranken auch die wahnhafte Überzeugung, dass in ihrem Kopf ein Chip oder Ähnliches implantiert sei.

Für den Betroffenen besteht immer die Gewissheit, dass das wahnhaft Vorgestellte tatsächlich passiert. Mit zunehmender Krankheitsdauer verstärken sich diese Symptome. Diese führen zu Kontaktstörungen und sozialem Rückzug. Bis heute sind schizophrene Störungen nicht heilbar.

Laktoseintoleranz und Zöliakie können bei Menschen, die eine genetische Disposition zur Schizophrenie haben, psychotische Zustände auslösen.

Diese Krankheit macht sich oft schon in jungen Jahren bemerkbar, sie streiten oft um Kleinigkeiten und gehen bis zum Äußersten – Schuld haben aber immer die Anderen. Dadurch haben sie in ihrem Leben nicht viele Freunde, sind oft sehr einsam. Über Konflikte können sie sich nicht mit anderen Menschen austauschen, stattdessen brechen sie sofort den Kontakt ab.

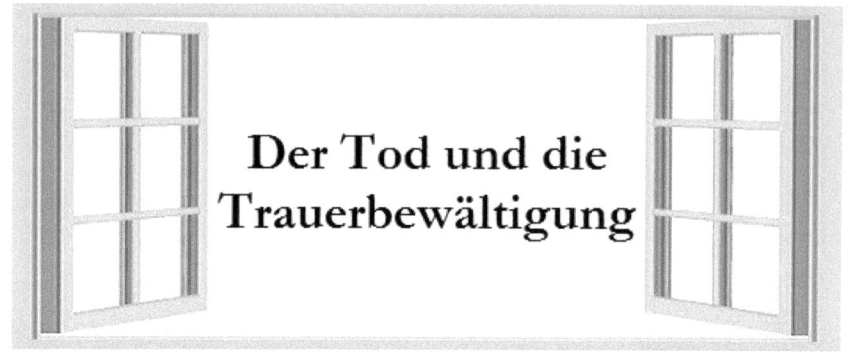

Der Tod und die Trauerbewältigung

Der Tod ist der endgültige Verlust der für ein Lebewesen typischen und wesentlichen Lebensfunktionen. Der Übergang vom Leben zum Tod wird Sterben genannt (Quelle Wikipedia). Haben wir Sie jetzt mit dem Wort „Tod" erschreckt? Nein, das wollten wir nicht. Kein Mensch möchte sich gerne über den Tod unterhalten – er wird sehr gerne totgeschwiegen.

Der Tod ist das Schicksal, das wir alle miteinander teilen – niemand ist ihm jemals entkommen. Er war immer die stärkste motivierende Kraft für Religion und religiöses Leben - was die Menschen die Unsterblichkeit suchen lässt. Wir fürchten den Tod, wir möchten nicht sterben, wir möchten für immer leben! Hier entsteht der Ausgangspunkt der Philosophie, die Fragen stellt und forscht.

Der antike Philosoph Epikur (um 334-270 v. Chr.) kam zu dem Entschluss, man müsse sich aufs Leben konzentrieren, statt auf den Tod.

In Deutschland sterben in einem Jahr mehr als 900.000 Menschen und innerhalb 96 Stunden muss der Tote beerdigt oder verbrannt sein. Unsere Wissenschaftler sind sich untereinander immer noch nicht einig, wann exakt der Mensch tot ist. Selbst in der Pathophysiologie möchte man sich nicht festlegen, was Sterben eigentlich ist. Obwohl wir von unserem Ende wissen, verdrängen wir es und schweigen lieber.

Wenn ein Mensch stirbt, dann fühlen wir plötzlich eine große Leere und es wird uns bewusst, dass dieser Verstorbene nie mehr zurückkehren wird.

Und wenn es den Tod gar nicht gäbe und wir unsterblich wären? Hätten wir dann einen Grund am nächsten Tag aufzustehen? Das könnten wir doch dann auch in ein paar Jahren erst tun. Und, warum sollten wir uns mit unserem Partner versöhnen? Wir könnten es auch erst in ein paar hundert Jahren tun. Alles könnten wir irgendwann tun, nur nicht jetzt.

Aber wäre unser Leben dann noch etwas Außergewöhnliches mit Spannung und Reizen? Ist es nicht so, dass das Leben einen Menschen erst fordert, wenn es ihm bewusst wird, dass es eines Tages vorbei sein könnte?

Der Tod und der Umgang mit ihm ist etwas sehr Individuelles. Jeder empfindet den Tod eines lieben Menschen anders, und jeder verarbeitet die damit verbundene Trauer unterschiedlich.

Der Tod bricht plötzlich in die Familie ein und raubt den Angehörigen einen geliebten Menschen und der Alltag gerät aus den Fugen. Die Hinterbliebenen sind überwältigt von Verzweiflung, Wut und Angst – nichts ist mehr so wie es einmal war. Wirklich zu verstehen, dass das Leben irgendwann zu Ende geht, ist keine einfache Erkenntnis.

Keiner weiß wirklich, was nach unserem Tod folgt - und dass wir hier sind, stellt uns vor die Aufgabe, etwas aus unserem Leben zu machen.

Es geht nicht darum, den Tod zu verherrlichen, aber wer sich einmal bewusst damit auseinander gesetzt hat, dass sein Leben irgendwann zu Ende ist, kann daraus die Motivation schöpfen, heute etwas aus der Zeit zu machen, die man JETZT hat.

Was bleibt, wenn jemand gestorben ist, physisch und mental?

Im medizinischen Sinne unterscheidet man zwischen dem „klinischen Tod" und einem „Hirntod":

> ➤ Der klinische Tod: Es kommt zu einem Atem- oder Herz-Kreislaufstillstand, sowie zu unsicheren Todeszeichen (Bewusstlosigkeit, fehlende Atmung etc.). Eine Reanimation ist möglich.

> ➤ Der Hirntod ist endgültig und bedeutet, dass das Gehirn keine Funktionen mehr aufweist.

In Artikel 2.2 des Grundgesetzes hat jeder Mensch das Recht auf ein gutes Leben. Das Recht auf einen guten Tod ist aber nirgends niedergeschrieben. *Quelle:*

http://de.wikipedia.org/wiki/Grundgesetz_f%C3%BCr_die_Bundesrepubli k_Deutschland#Grundrechte (Stand: 01.04.2013)

Jeder Mensch trauert innerlich individuell. Es gibt Phasen, die jeder Trauernde in einer Ähnlichkeit unbewusst durchläuft:

➢ **Phase 1: Schock - Der Verlust wird geleugnet**

Nach dem Verlust eines geliebten Menschen wird mit Schock und Verneinung reagiert und die trauernde Person scheint empfindungslos und fühlt sich, als sei sie selbst tot. Diese Phase kann von einigen Stunden bis über Wochen und Monate andauern.

➢ **Phase 2: Schmerz, Wut, Angst, Niedergeschlagenheit und Schuldgefühle**

Die Gefühle des Hinterbliebenen brechen hervor. Man fragt sich: „Wie konnte der Mensch mich so im Stich lassen", oder: „Womit habe ich das verdient und was soll jetzt aus mir werden?". Alle möglichen Gefühle können nun spürbar werden und uns überwältigen. Diese Phase dauert von ein paar Wochen bis hin zu vielen Monaten.

➢ **Phase 3: Suchen und Sich-Trennen**

Auf jeden Verlust reagieren Trauernde mit einem Suchen. Sie suchen Orte auf, die der Verstorbene gerne hatte, übernehmen vielleicht seine Gewohnheiten und erzählen Geschichten über den Verstorbenen. Diese Phase ist ein Wechselbad der Gefühle zwischen Trauer und Trost, Ernüchterung und Annehmen und Verneinung. Das Suchen bereitet den Trauernden darauf vor, ein Weiterleben ohne den Verstorbenen zu akzeptieren, ohne ihn zu vergessen. Das kann Wochen, Monate oder auch mitunter Jahre dauern.

➢ **Phase 4: Das Leben geht weiter**

Das ist die Phase, in der die tatsächliche Akzeptanz stattfindet und der Hinterbliebene beginnt, sein Leben neu zu ordnen. Nachdem man in den vorhergehenden Phasen seinen großen Schmerz herausschreien durfte, kehren jetzt allmählich der innere Frieden und die Ruhe wieder zurück. Der Tod und das Trauern haben ihre Spuren hinterlassen und die Einstellung zum Leben hat sich komplett verändert.

Auch nach diesen 4 Phasen kann es erneut zu Gefühlsausbrüchen kommen.

Die Trauerarbeit und Trauerbewältigung hängt neben der Persönlichkeit des Trauernden auch von seiner Beziehung zu dem Verstorbenen und dessen Todesumständen ab.

Eine so tiefe Wunde, wie die, die durch den Verlust eines geliebten Menschen entsteht, heilt nicht schnell und wer trauert, will manchmal selbst nicht mehr leben.

ABER: Das Leben geht weiter, auch wenn die trauernden Menschen diesen zynischen Satz nicht hören wollen.

Quelle:

Buchdaten: PSYCHOLOGIE KURZ UND KNAPP VERPACKT - Hilfreiches Wissen für die Seele

Autoren: Sabine Beuke und Jutta Schütz

Verlag: Books on Demand – EUR 13,90

ISBN-13: 9783732234929 - ISBN-10: 3732234924

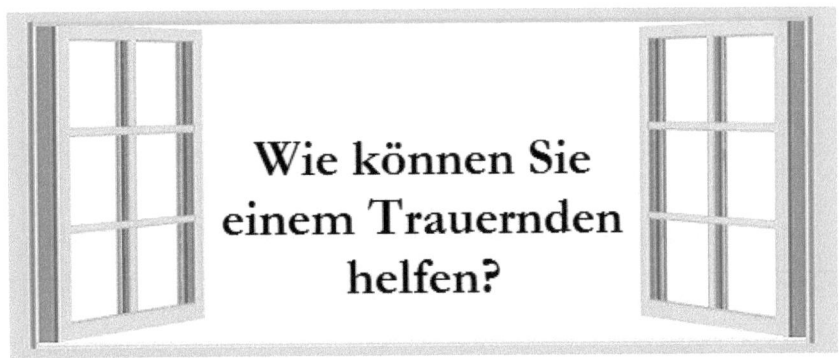

Wie können Sie einem Trauernden helfen?

- Trauernde nicht allein lassen.

- Ohne zu reden für den Trauernden da sein.

- Alltägliche Besorgungen übernehmen.

- Hilfestellung bei Regelungen, die im Zusammenhang mit dem Todesfall stehen.

- Alle Gefühle der Trauernden zulassen.

- Trauernde nicht bevormunden.

- Nehmen Sie Anteil am Erleben und Erinnern des Trauernden.

- Anregungen geben: Spazieren gehen, Musikhören, Malen, Tagebuch schreiben, Entspannungsübungen, Sport treiben.

- Mitgefühl und Wärme vermitteln.

- Lenken Sie NICHT von ungelösten Problemen, Schuld und Konflikt ab. Das Ablenken fördert sonst nur das Verdrängen und führt zu einer Verzögerung des Trauerprozesses.

- Mit seinen eigenen „Geschichten" zurückhalten.

- Akzeptieren Sie, dass der Trauernde immer wieder in den verschiedensten Formen auf die Suche nach dem Warum geht.

- Depressives Verhalten und Ausbrüche von Wut und Zorn gehören zum Vorgang des Trauerns.

- Schuldgefühle nicht ausreden, aber auch nicht bekräftigen.

- Zuhören, auch wenn man die Geschichte schon tausend Mal gehört hat.

- Nehmen Sie seine Gefühle ernst, die durch Erinnerungen oder Erzählungen immer wieder aufkommen.

- Lassen Sie auch seine Phantasien zu, die den Tod des Verstorbenen bezweifeln.

- Bei suizidalen Äußerungen kontinuierlich an seiner Seite bleiben und versuchen, ihm begreiflich zu machen, dass der Suizid keine Lösung ist. Holen Sie sich unbedingt Hilfe, wenn Sie damit nicht klar kommen.

- Kein Drängen auf Akzeptieren des Verlustes.

- Unterstützung bei Ansätzen der Neuorientierung.

- Gemeinsame Formen suchen, die Trauerbegleitung behutsam zu beenden oder umzugestalten.

- Bleiben Sie sensibel für seine Rückschläge.

- Begrüßen Sie die Veränderungen im Beziehungsnetz des Trauernden und unterstützen Sie ihn dabei, Neues auszuprobieren.

- Akzeptieren Sie, dass Sie irgendwann nicht mehr gebraucht werden.

- Achten Sie darauf, dass der Trauernde Sie auch wieder los lassen kann.

Menschen, Tiere und Pflanzen müssen irgendwann sterben und trotzdem ist es schwierig, es zu akzeptieren.

Der Tod macht uns Angst – und doch sollten wir diese Angst annehmen und darüber reden. Denn nur, wenn der Tod nicht totgeschwiegen wird, kann das Leben weiter gehen.

❖ Zitat von Epikur von Samos: Mit dem Tod habe ich nichts zu schaffen. Bin ich, ist er nicht. Ist er, bin ich nicht.

❖ Zitat von Marcus Aurelius: Der Tod lächelt uns alle an, das einzige was man machen kann ist zurücklächeln.

Quelle:

Buchdaten: PSYCHOLOGIE KURZ UND KNAPP VERPACKT - Hilfreiches Wissen für die Seele

Autoren: Sabine Beuke und Jutta Schütz

Verlag: Books on Demand – EUR 13,90

ISBN-13: 9783732234929 - ISBN 10: 3732234924

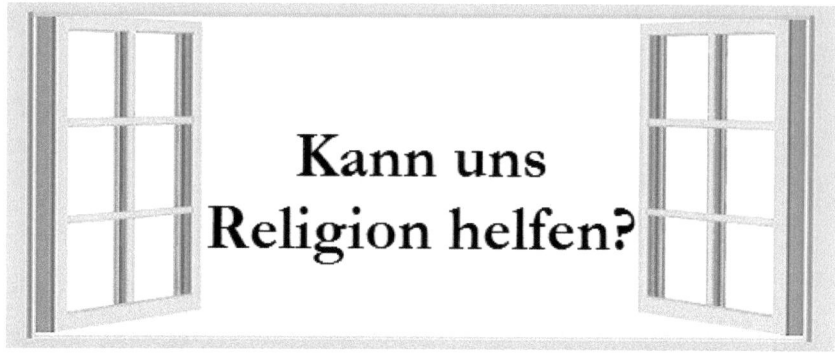

Kann uns Religion helfen?

Nach Ansicht von Wissenschaftlern haben seelische Probleme häufig ihre Wurzeln in religiösen Vorstellungen der Patienten. Es gibt aber auch wissenschaftliche Studien, wo ein religiöser Glaube eines Patienten zum Erfolg einer psychiatrischen Therapie beitragen könne. Die Vorstellung von Besessenheit oder einem strafenden Gott sind in der deutschen Psychiatrie keine seltenen Phänomene.

Nachdem die Wissenschaft viele Erfolge hatte, glaubten irgendwann die Menschen, es könnte alles erklärt werden und man bräuchte Gott nicht mehr. Aber die Wissenschaften können nicht alles erklären – das hat uns die Quantenphysik vor Augen gehalten. Und im Grenzbereich zwischen der Psychologie und der Religion gibt es auch viele Probleme und Fragen, die für die psychologische Beratung und Psychotherapie wichtig sind. Besonders geht es um die Frage, welche religiösen Einstellungen unter welchen psychosozialen Bedingungen die seelische Gesundheit von Menschen fördern oder beeinträchtigen können.

Es gibt Menschen, die durch ihren persönlichen Glauben bzw. durch ihre Religion gestärkt aus ihrer Lebenskrise treten. Unterstützend wirkt sicherlich auch ein gutes kulturelles Umfeld.

Die eigene Religiosität und ihre Ausübung in einer Gemeinschaft können das eigene Selbstwertgefühl steigern. Das Wohlbefinden in den Religionen und Kulturkreisen ist auch sehr verschieden.

Man unterscheidet zwischen sogenannter intrinsischen Religiosität, bei der das ganze Leben auf den Glauben ausgerichtet ist oder einer extrinsischen Religiosität - diese legen großen Wert auf den regelmäßigen Kirchgang und schätzen ihn als soziales Ereignis.

Es gibt auch so genannte Sekten und Psychogruppen – sie können Gefahren für den Einzelnen bedeuten. Es wird versucht Menschen ein Abhängigkeitsgefühl zu vermitteln, das dann zu Ausbeutungszwecken genutzt wird. So können sich weit reichende materielle Folgen ergeben. Diese Menschen verlieren ihren Beruf und die finanzielle Eigenständigkeiten und somit auch die Sozialabsicherung und Gesundheitsvorsorge und glauben nur noch an dubiose Heilungs- und Erlösungsversprechen. Es werden Psycho-Techniken angewandt und Strategien der Bewusstseinskontrolle: Das Selbstbewusstsein sinkt in den Keller. Durch diese Strategien wird die Begabung zur realitätsnahen Wahrnehmung und Kritikfähigkeit außer Kraft gesetzt.

Die Sektengruppen haben viele Gesichter. Sie sind zu finden in Psychogruppen von esoterischen und pseudo-therapeutischen Anbietern, Personal- und Managemententwicklern und in strukturvertriebsartigen Firmen mit fragwürdigem Psycho-Training. Die Liste ist sehr lang.

Es gibt auch Organisationen, die gehen über die psychische Beeinflussung ihrer Mitglieder weit hinaus und werden hier in Deutschland durch den Verfassungsschutz beobachtet.

Quelle:

Ingo Heinemann befasst sich seit 1979 mit der Scientology-Organisation. http://www.ingo-heinemann.de/ http://www.wilfriedhandl.com/blog/

Jeder Mensch wird den 11. September niemals vergessen können, der deutlich gemacht hat, zu was religiöse und fanatisierte Extremisten fähig sind.

Nicht nur labile oder unreife Menschen sind für Sekten anfällig, auch völlig unauffällige Menschen geraten in ihren Bann. Dies hat was mit unterschiedlichen Gründen zu tun, die auf unbewussten Bedürfnissen, Problemen oder Einstellungen beruhen. Egal, ob Sie gläubig sind oder nicht – egal auch, welche Religion Sie wählen, wenn es Ihnen hilft und Sie sich wohl fühlen, kann es die richtige Entscheidung für Sie sein, so lange Sie sich keiner Sekte hingeben.

Und vielleicht interessiert Sie an dieser Stelle eine Buchrezension über die Bibel?

Die Bibel (Altes und Neues Testament) – Buchrezension

© *2013 Presse Jutta Schütz*

Die Bibel ist ganz offensichtlich kein Unterhaltungsroman, in dem bestimmte Charaktere vorgestellt werden. Die Themen handeln nicht von einer utopischen Friedenswelt, sondern beschreiben oft Mord und Totschlag. Wegen der Sammlung aus Geschichte und Lebensweisheiten ist sie ein interessanter Wegweiser, auch wenn die beiden Teile sowohl in sich als auch untereinander starke Inkonsistenzen aufweisen.

Seit einigen Jahrhunderten erfreut sich nun die Bibel einer sehr umfangreichen Leserschaft. Für Historiker ist die Bibel ein Muss, auch wenn es mit der Wahrheit manchmal nicht so genau genommen wird. Die Einheitsübersetzung ist für die Protestanten akzeptabel, das Alte Testament ist leider voller Fehler. Nun könnte man vermuten, dass es sich bei diesen Fehlern um Fehler gem. der Vulgata-Übersetzung handelt, dies ist aber nicht so. Ich (Jutta Schütz) vermute eher, dass diese Fehler einer neueren englischen Übersetzung entstammen. Die Wortähnlichkeiten an weniger bekannten Stellen der Bibel, lassen dies erkennen. Wortähnlichkeiten im Kernbereich kommen gewöhnlich durch mündliche Tradierung zustande. Außerdem fragt man sich, wer denn eigentlich diese Bibel übersetzt hat?

Es hat wohl kaum ein Buch in der Weltgeschichte so viel Aufsehen erregt wie die Bibel. Die ältesten Teile sind zirka 3000 Jahre alt und zunächst nur mündlich tradiert worden. Sie beschreiben in lockerer, unzusammenhängender Form die Geschichte um die Entstehung der Welt, insbesondere aber die Geschichte um die 12 Stämme Israels und ihr Schicksal in der Welt um 1000 vor Christus. Die jeweiligen Kapiteleinleitungen, die den theologisch interessierten Laien gutes Hintergrundwissen vermitteln, finde ich gut eingeteilt - auch die zahlreichen Fußnoten tragen dazu bei. Die Schrift ist angenehm groß und die Seiten sind nicht zu dünn.

Man kann heute hoffen, dass nach 500 Jahren Kirchenspaltung die Rest-Erzkatholiken in Deutschland irgendwann einmal so klug sind und sich die Luther-Texte anschauen. Trotz vorhandener Gegensätze und unterschiedlicher Auffassungen, ist bei den Verantwortlichen das Bemühen um einen gemeinsamen Konsens deutlich erkennbar. Was mich stört ist, wenn es in den Fußnoten zu Genesis Eins heißt, die Autoren wollten sicherlich keinen naturwissenschaftlichen Schöpfungsbericht zusammenstellen und wenn die Zeittafel am Ende der Ausgabe die Chronologie der Bibel direkt mit der „wissenschaftlichen" kontrastiert. Solche Bemerkungen sollte man doch aus dem Heiligen Buch herausstreichen. Über das Buchcover kann man sich streiten, da hätte man sich mehr bemühen müssen.

Wer nach den Grundlagen von Christentum und Judentum sucht und wer sich die Frage stellt „Warum ist was ist?", wer offen ist um Menschen über die Jahrtausende zu erleben, deren Archetypus noch heute aktuell ist und uns immer wieder begegnet, wer Geschichte und Zukunft der Menschheit verstehen will - der wird hier fündig.

Buchdaten: Die Bibel: Altes und Neues Testament. Einheitsubersetzung - Verlag: Verlag Herder; Auflage: 14 (28. Juni 1999) EUR 9,90 - Gebundene Ausgabe: 1472 Seiten - Sprache: Deutsch - ISBN-10: 3451280000 - ISBN-13: 978-3451280009

❖ Zitat von Martin Buber: Alle Menschen haben einen Zugang zu Gott, aber jeder einen andern.

Es gibt keine allgemein gültige Bezeichnung für Religion, die alles abdeckt und allgemein hätte anerkannt werden können. Einige Religionen werden heute nicht mehr praktiziert und neue sind hinzugekommen:

Christentum

- Römisch-katholische Kirche
- Katholischen Ostkirchen (Koptische Kirche)
- Anglikanische Kirchen (Church of England)
- Alt-Katholische Kirchen (Christkatholische Kirche)
- Freie altkatholische Kirche (Old Catholic Church of America)
- Evangelische Kirche (Lutherischen Kirchen)
- Reformierte Kirche (Presbyterianer, Mennoiten)

Islam

- Sunniten - die größte Glaubensrichtung im Islam
- Schiiten - die zweitgrößte Glaubensrichtung im Islam

Hinduismus

- Shivaismus
- Vishnuismus

Buddhismus

- Theravada
- Mahayana
- Vajrayana

Judentum

- Orthodoxes Judentum
- Konservatives Judentum
- Liberales Judentum

Fernöstliche Religionen

- Daoismus (Chinesische Religion oder Philosophie)
- Konfuzianismus (Drei Lehren Chinas)
- Shinto (Größte Religionsgemeinschaften Japans)

Afroamerikanischen Religionen

- Voodoo (Afrika, Haiti und Amerika)
- Umbanda (Brasilien)
- Hoodoo (Afroamerikanischen Bevölkerung der Südstaaten der USA, sie verbindet indianische Magie mit Elementen der afrikanischen Magie)
- Candomblé (Hauptsächlich in Brasilien anzutreffende Religion)
- Rastafari (Aus dem Christentum entstandene Religion, ursprünglich aus Jamaika)

Keine Religion - sondern eine Weltanschauung

- Agnostizismus
- Anarchismus
- Anthroposophie
- Apatheismus
- Atheismus
- Determinismus
- Diskordianismus
- Freidenker
- Freimaurerei
- Humanismus
- Huna
- Objektivismus
- Pantheismus
- Panentheismus
- Posthumanismus
- Thelema
- Transhumanismus
- Unitarier

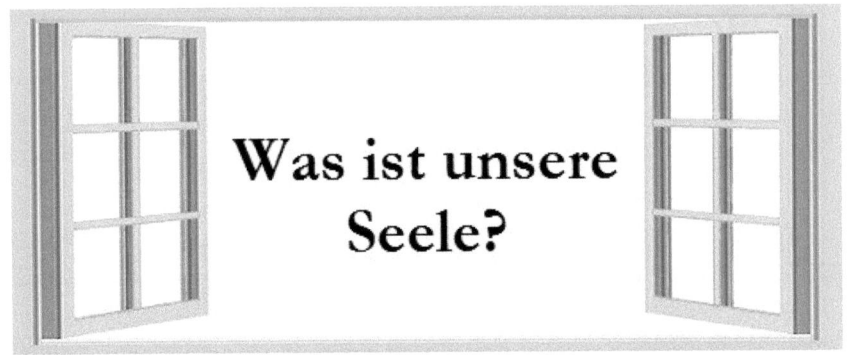

Was ist unsere Seele?

Vor vielen Jahren glaubten die Menschen noch, dass das Herz der Sitz von Verstand und Gefühl sei. Heute spricht man davon, dass es das Gehirn sein soll.

Unser Gehirn ist neben dem Kosmos das Komplexeste, was die Natur je geschaffen hat. Es ist unser menschliches Zentrum, unsere scheinbare Persönlichkeit, unsere Gefühlswelt mit Freude und Trauer, Lachen und Weinen und speichert unsere Erlebnisse.

Dieses zirka 1,4 bis 1,6 kg schwere, weiche Organ (Gehirn) soll also der Sitz unserer Persönlichkeit sein! Das Wort „Seele" ist nichts für Menschen die alles zu eng sehen und die immer sehr traurig sind. Dieses Wort bleibt ihnen oft in negativer Erinnerung da es mit „seelischen Problemen" in Verbindung gebracht wird. Es gibt von der Wissenschaft auch immer noch keinen Hinweis auf eine Seele, aber es gibt viele Bücher, die beschreiben, was die Seele krank macht.

Viele Verzweifelte forschen nach der Ursache für ihr eigenes „Seelenleiden" und suchen gezielt nach diesen Büchern, die höchstwahrscheinlich ins Nichts oder zum völligen Absturz führen.

Auch kann ein verzweifelter Mensch nicht dauernd positiv denken. Wie der Titel einer erfolgreichen Soap im Fernsehen schon sagt: Es gibt „gute Zeiten" und „schlechte Zeiten". Es ist einfach unmöglich täglich gut drauf zu sein. Wenn man krampfhaft versucht es doch zu sein, hat man schon verloren.

Es ist schon schwer zu glauben, dass das menschliche Gehirn durch einen Evolutionsprozess entstanden sein soll. Die Ideen zur Evolution gab es seit dem 6. Jahrhundert vor Christus und wurde von Anaximander vertreten. Dieser Philosoph nahm an, dass die ersten Menschen aus Fischen oder fischähnlichen Lebewesen entstanden sind.

Die Gegner der Evolutionstheorie vertreten die Auffassung, dass das Entstehen des Lebens mit samt seinem Bewusstsein unwahrscheinlich sei und durch Gott oder einem anderen intelligenten Wesen entstanden ist.

Und so gibt es immer wieder großartige naturwissenschaftliche Theorien, die Menschen faszinieren. Es geht weit über den Kreis der Forscherinnen und Forscher hinaus und die Evolutionstheorie gehört einfach dazu, die auf den Arbeiten Darwin, Plancks, Heisenbergs, Schrödingers, Paulis und vielen anderen beruhen.

Was ist aber mit unserer Seele? Wie ist sie entstanden und wo befindet sie sich? An diesem Punkt kann uns die Wissenschaft absolut keine Erklärung liefern. Und solche Bücher werden Ihnen im Moment auch nicht viel weiter helfen.

Es ist der erste Schritt, wenn Sie begreifen, dass Sie sich selbst helfen müssen. Heben Sie ihren Kopf und überlegen Sie, was Ihnen gut tun könnte.

Wenn es einem seelisch (wo auch immer die Seele im Körper sich befindet) nicht gut geht, möchte man doch, dass es einem schnell wieder besser geht. Manchmal genügt es, mit einem Freund/in zu reden, einen Spaziergang zu machen, sich in ein Kaffee zu setzen oder sich was nettes (nicht bei Kaufsucht) zu kaufen. Aber manchmal sitzt die Depression schon viel zu tief.

Depressionen sind eine schlimme Sache, die wesentlich mehr Menschen betrifft als man denkt. Dabei gehören Phasen mit erhöhten Stimmungsschwankungen zum Leben eines jeden Menschen dazu, was absolut normal ist. Dauern diese Phasen jedoch längere Zeit an, kann es sich bereits um eine echte Depression handeln.

Wenn Sie die Diagnose einer Depression haben, liegt es an Ihnen selbst, die Erkrankung als solche zu akzeptieren. Eine Depression hat nichts mit Wehleidigkeit oder einem schwachen Charakter zu tun. Jeder Mensch hat in seinem Leben einige Depressionen zu überstehen und in der heutigen Zeit droht das Loch schon mit Anfang 20 – Midlife-Crisis war gestern. Viele Patienten bekommen Angst, wenn sie bemerken, dass sie an einer seelischen Störung erkrankt sind, niemand möchte als verrückt gelten.

Es ist die Suche nach dem perfekten Job, Studium, Familie, Kinderwunsch, Aussehen, die viele Menschen überfordert. Manchmal ist man schon überfordert mit der Frage, wo setze ich meine Prioritäten? Immer mehr junge Leute zwischen 18 und 25 plagt die Quarterlive Crisis (Sinnkrise).

Versuchen Sie einmal die negativen Gedanken, die Sie haben, nicht so ernst zu nehmen und versuchen Sie trotzdem aktiv zu bleiben. Wenn sich Ihr Geist nur noch den negativen Gedanken widmet, entsteht eine Spirale, die Sie immer weiter in die Depression treibt. Versuchen Sie sich, mit positiven Dingen zu beschäftigen und unter Menschen zu gehen, sich mehr Ihren Hobbies zu widmen oder mehr Sport zu treiben. Wir wissen, dass es in einer depressiven Phase schwierig ist, überhaupt irgendwelche Freude an einer Aktivität zu verspüren oder eigentlich angenehme Dinge wahrzunehmen. An einer Depression erkrankte Menschen sind, wie alle anderen kranken Menschen, nicht mehr voll leistungsfähig.

Nun ist es leider so, dass einem in der Depression selbst kaum Dinge einfallen, die einem eigentlich gut tun würden und dies führt dann zwangsläufig dazu, dass man immer weniger angenehme Dinge unternimmt. Man hört oft von Schwermütigen, dass man gerade jetzt nicht in der Lage sei, bestimmte Unternehmungen zu ergreifen. Setzen Sie sich also keine zu hohen Ziele, denn wenn Sie diese nicht erreichen, bildet sich wieder eine Spirale, die Sie weiter in die Depression ziehen könnte.

Seien Sie geduldig mit sich selbst, geben Sie sich nicht selbst die Schuld, dass es Ihnen im Moment schlecht geht und flüchten Sie sich nicht in die vermeintlichen Problemlöser: Alkohol oder Drogen. Die

Rauschgifte mögen zwar kurzzeitig psychische Erleichterung bringen, aber bereits mittelfristig werden sich Ihre Probleme dadurch nur noch verschlimmern.

Natürlich wird es Ihnen nicht sofort besser gehen, und ehrlich gesagt, werden Sie auch nicht gleich viel Spaß und Freude empfinden, aber Sie werden spüren, dass sich ihre Stimmung schrittweise durch Aktivitäten verbessert.

Probieren Sie kleine Schritte, es ist einen Versuch wert. Etwas Neues zu beginnen macht am Anfang immer etwas Angst, denn wir wissen ja nicht, wohin die Reise geht. Versuchen Sie aber trotzdem neugierig zu sein und brechen Sie aus Routinen aus. Versuchen Sie neue Kontakte zu knüpfen oder erlernen Sie eine neue Sprache.

Quelle:

Buchdaten: PSYCHOLOGIE KURZ UND KNAPP VERPACKT - Hilfreiches Wissen für die Seele

Autoren: Sabine Beuke und Jutta Schütz

Verlag: Books on Demand – EUR 13,90

ISBN-13: 9783732234929 - ISBN-10: 3732234924

Positives Denken

**Positives Denken ist die Lösung aller Probleme
der Menschheit und der Welt.
Glauben Sie wirklich daran?**

Es gibt keinen Menschen auf der Welt, der immer positiv denken kann, egal wie viele Bücher er aus diesem Genre gelesen hat. Ich rate von diesen Büchern die Finger zu lassen. Die Autoren versprechen in ihren Werken dauerhafte Harmonie, Reichtum und absolutes Glück. Die einzigen, die von dieser Methode profitieren, sind die Glücksmacher selbst.

Ein krampfhafter Versuch, ausschließlich positiv zu denken führt zu einem inneren Konflikt aus Wollen und Nicht- Können. Dass die Begründer des „positiven Denkens" versuchen, einen Idealzustand zu verwirklichen, liegt in ihrer ursprünglichen Motivation, die überwiegend im religiösen Umfeld zu finden ist.

Ich bin keineswegs gegen das positive Denken, aber ich bin gegen diese Motivationskünstler, die mit geschicktem Spiel von Psychologie die Unwissenheit der Menschen „die wirklich Hilfe brauchen" schamlos ausnutzen.

Den Hilfesuchenden wird vorgegaukelt, persönliche und menschliche Schwächen durch bloßes Denken beheben zu können. So wird ein Zwang zu positivem Denken erzeugt, dem viele gar nicht standhalten können. Auf die Dauer wird es zu einem Selbstbetrug, der nicht selten zu Burnout (Ausgebrannt sein) und Depression führt. Es wäre einfach naiv und kindlich zu glauben, dass wir unsere Erde mit positiven Gedanken in ein Paradies verwandeln könnten.

Das „positive Denken" ist ein Konzept, das in Persönlichkeits- oder Motivationsseminaren und in entsprechenden Ratgeberbüchern Anwendung findet. Weitere Ableger sind „neues Denken", „richtiges Denken", „mentaler Positivismus" oder „Kraftdenken". In der zweiten Hälfte des 19. Jahrhunderts hörte man das erste Mal vom positiven Denken, das nicht zu verwechseln ist, mit positiver Psychologie.

Die neuere Hirnforschung liefert Anhaltspunkte, dass gewohnheitsmäßige Denkmuster mittel- und langfristige Auswirkungen auf unsere Gehirnaktivität besitzen.

In der Schmerztherapie zum Beispiel sind Suggestion (Beeinflussung durch andere Personen, TV, Radio usw.) und Autosuggestion (Autosuggestion ist der Prozess, durch den eine Person ihr Unbewusstes trainiert, an etwas zu glauben) kurzfristig therapeutisch nutzbar. Wir erfreuen uns natürlich an unseren positiven Gedanken und Glücksmomenten, aber wir müssen auch unsere negativen Gedanken zulassen, denn das Leben kann nicht 24 Stunden nur „high-live" sein. Wenn alles Negative, was wir jemals gedacht haben sofort Realität geworden wäre – Schreck lass nach…

Es gibt viele Gründe für den Hilfeschrei der Seele. Es kann eine Überforderung im Beruf sein, in der Familie oder auch die Maßlosigkeit in Bezug auf unser Selbstbild, weil wir das Beste sein wollen. Das kann auf Dauer nicht gut gehen.

Der erste Schritt zur Selbsthilfe wäre die Erkenntnis, dass man seine für den Moment depressive Phase zulassen darf. Heulen Sie doch mal, schreien Sie und verhauen Sie Ihre Sofakissen. Wiederholen Sie es ein paar Mal und dann gehen Sie schluchzend in die Küche und brühen sich einen Tee oder Kaffee auf. Oder lieben Sie heiße Schokolade? Vielleicht haben Sie noch Kuchen, Kekse oder ein Stück Schokolade im Haus? Jammern und stöhnen Sie ruhig weiter bis Sie für sich den Tisch gedeckt haben. Sagen Sie sich, dass Sie heute den ganzen Tag damit verbringen zu weinen, zu stöhnen und zu jammern. Heute ist Ihr ganz persönlicher Heultag! Wenn Sie dann denken, Sie hätten nun genug geweint, dann ziehen Sie Ihre Lieblingssachen an und machen sich auf den Weg, entweder zum Einkaufen oder zu einem Spaziergang. Tragen Sie doch bei verquollenen Augen eine Sonnenbrille, egal ob es Winter ist. Sie werden sich mit der Brille womöglich sicherer fühlen. Hauptsache, Sie kommen vor die Tür, schnuppern frische Luft und hören vielleicht angenehme Geräusche, die Sie auf andere Gedanken bringen.

Auch in einer Depression können Sie das Leben spüren, auch wenn es nur das Stück Schokolade ist, die warme Dusche, den Wind in Ihren Haaren bei einem Spaziergang oder der Duft eines neuen Parfüms beim Einkaufen. Versuchen Sie einmal, zu sich selbst zu sagen, dass Sie heute mit Ihrer Depression spazieren gehen! Nehmen Sie Ihre Depression an die Leine und gehen Sie nach Draußen und anschließend können Sie ja weiter lesen. Würden wir in Ihrer Nähe wohnen, würden wir mitgehen. Wenn Sie einen Freund/in haben, vielleicht hat er Lust mit zu gehen, auch wenn Sie ihm sagen, dass Sie nicht gut drauf sind.

Mit dem besten Freund/in über Probleme reden, das hilft oft mehr als der Gang zum Therapeuten. Wer ehrlich mit sich und seiner Krise umgeht, kann sie eher bewältigen und so aus ihr neue Kraft gewinnen.

Wir können aus Niederlagen viel für unser Leben lernen. Das Positive an Krisen ist oft, dass wir gezwungen werden, alte Denkweisen durch neue zu ersetzen. Es ist die Suche nach Alternativen, die in uns ganz besondere Kräfte weckt. Beginnen Sie an Ihrer Selbstwahrnehmung zu arbeiten, auch wenn es etwas Geduld und Übung braucht. So finden Sie zu einem ausgewogenen Lebensgefühl zurück. Bleiben Sie ehrlich, kein Mensch ist perfekt. Jedem geht mal was daneben. Wer über eine längere Zeit von quälenden Gefühlen der Einsamkeit und Verzweiflung heimgesucht wird, sollte handeln und sich trotzdem nicht aufgeben. Diesen Menschen fehlt das Gefühl, wertvoll und liebenswert zu sein. Das ist ein Überbleibsel entsprechender Kindheitserfahrungen.

Die Vergangenheit können wir nicht mehr ändern, aber wir können daraus lernen. Am Ende gibt es immer einen Neuanfang. Es ist normal, in einer Krise die Angst vor dem Neuen zu verspüren und es reicht oft aus, selbst aktiv zu werden, um dieses Gefühl wieder los zu werden. Es kann keinen ewigen Gewinner geben, es sind auch weder Perfektionismus noch übermäßige Stärke gefragt.

Fangen Sie nichts Neues an, weil Sie Angst haben, Fehler zu machen? Wer Schwächen und Fehler freimütig einräumen kann, ohne zu jammern, wirkt auf andere Menschen direkt sympathischer. Nutzen Sie Ihr natürliches Potenzial, jeder hat das Zeug dazu – man muss es nur ein wenig trainieren. Ein markantes Merkmal an sympathischen Menschen ist, dass sie sich selbst so akzeptieren, wie sie sind, sowie auch ihre Mitmenschen. Gerade in der heutigen Zeit, die geprägt ist von Schnelllebigkeit, Leistungsdruck und Informationsflut, ist es wichtig, öfter in sich hinein zu lauschen. Fragen Sie sich, was Ihnen wichtig ist. Möchten Sie eventuell etwas an Ihrer Lebenssituation ändern?

Auch kleine Dinge können uns glücklich machen. Lernen Sie sie wahrzunehmen und freuen Sie sich über den Vogel, der draußen sein Lied singt oder kaufen Sie sich selbst ein paar Blumen, die Sie liebevoll auf Ihrem Tisch dekorieren.

Lernen Sie diese Kleinigkeiten wahrzunehmen und richten Sie Ihre Aufmerksamkeit darauf – es wird Ihnen dann langsam besser gehen. Wir sprechen Ihnen nicht Ihre Probleme ab, sondern ermutigen Sie, Ihrer Seele ab und zu Urlaub zu gönnen. Wann waren Sie das letzte Mal in einem Wellness- oder Schwimmbad? Es tut gut, wenn man sich im Wasser leicht fühlt wie ein Fisch. Es bringt sie zwar im ersten Schritt nicht näher an einen Neuanfang, aber es ist schön, sich einfach im warmen Wasser treiben zu lassen.

Ihre Gedanken sollten nicht immer wieder um Ihre Probleme kreisen. Gönnen Sie sich doch etwas Ruhe und sagen zu sich selbst, dass Sie zu einer bestimmten Zeit eine Pause von Ihren Sorgen machen. Probieren Sie dies täglich und auch so lange bis Sie Ihre quälenden Gedanken wieder los sind. So können Sie Ihre Seele an das Abschalten gewöhnen.

Wann haben Sie das letzte Mal bewusst geatmet?

Legen Sie sich entspannt auf Ihr Sofa, Bett oder mit einer Decke auf den Boden und legen Ihre Hände auf Ihren Bauch. Atmen Sie tief und versuchen Sie zu spüren, wie sich Ihr Bauch dabei vorwölbt. Behalten Sie die Luft ein Weilchen in sich und atmen Sie dann ganz langsam wieder aus. Konzentrieren Sie sich ein paar Minuten nur auf das Atmen. Wenn Sie in einer Anspannungsphase stehen, versuchen Sie für ein paar Minuten in die konzentrierte Bauchatmung zu gehen. Holen Sie jedes Mal tief Luft und denken Sie daran, dass Sie sich dadurch innere Kraft holen. Sie werden merken, dass allmählich der Körper, wie aber auch Ihr Geist, sich langsam entspannt. Unser seelisches Empfinden ist von der körperlichen Gesundheit nicht zu trennen. Wer sich regelmäßig die Zeit nimmt, abzuschalten und tief zu entspannen, kann den harmonischen Lebensrhythmus wieder neu finden.

Meditation – die Ruhe für unsere Seele

Viele Menschen haben Angst vor sich selbst, haben Angst mit sich alleine zu sein, dabei ist die Stille ein ganz wichtiger Teil Ihres Lebens. Die Stille ist der Raum, in dem die Seele Ruhe und Besinnung findet. In der Stille findet die Seele den Abstand von anstrengenden Forderungen und der hektischen Zeit. Die Stille gibt Ihnen Ihre Energie, Lebensfreude, Ausgeglichenheit, Gelassenheit und Kreativität wieder zurück. Man braucht kein Eremit zu sein, um sich mit Meditation zu beschäftigen.

Ich empfehle täglich 10 – 15 Minuten zu meditieren.

Dafür brauchen Sie keinen teuren Kurs oder Seminare zu belegen – es geht ganz einfach: Legen Sie sich ganz bequem auf eine Decke oder finden Sie eine entspannte Körperhaltung und schließen die Augen. Beginnen Sie ruhig und entspannt zu Atmen und denken Sie, dass Sie nun Ihre Gedanken fließen lassen. Sie werden am Anfang von Ihren Gedanken überflutet werden, das wird sich aber schnell legen.

Eine regelmäßige Meditation kann beruhigend auf die Seele und Körper wirken. Die Wirkung ist neurologisch als Veränderung der Hirnwellen messbar und auch der Herzschlag wird verlangsamt. Meditation bedeutet: nachdenken, überlegen und heilen. Durch die Achtsamkeits- oder Konzentrationsübungen soll sich die Seele beruhigen. In der östlichen Kultur gilt das Meditieren als eine grundlegende und zentrale Bewusstseinserweiterung. Es gibt viele Meditationstechniken und sie unterscheiden sich nach ihrer traditionellen religiösen Herkunft. Seit den 70er Jahren werden neben den traditionellen Meditationsformen auch an westliche Bedürfnisse angepasste Formen angeboten. Wie wir schon erwähnt haben, wirkt die Meditation am besten, wenn Sie täglich zirka 10 Minuten damit entspannen. Auf Dauer kann man die Zeit der Meditation auf zirka 30 Minuten steigern.

Die besten Zeiten sind früh am Morgen und spät am Abend, wenn die geistige Schwingung am ruhigsten ist. Natürlich können Sie auch zu jedem anderen Zeitpunkt meditieren. Setzen Sie sich in eine bequeme Stellung mit geradem Rücken. Den Rücken nicht an die Wand lehnen. Die Hände liegen dabei auf den Knien oder den Oberschenkeln, Handflächen nach unten (oder nach oben). Bitten Sie Ihre Seele zur Ruhe zu kommen, sich zu erholen und achten Sie dabei auf Ihre Atmung. Sie brauchen einfach nur zu denken, dass Sie sich nun von Ihren Sorgen, Ihrem Kummer, Ihren Ängsten, Ihrem Stress, erholen möchten.

Forscher um Yi-Yuan Tang von der Texas Tech University in Lubbock berichten, dass eine Aufmerksamkeitsmeditation in vier Wochen die Nervenfasern einer bestimmten Gehirnregion stärker als eine reine Entspannungsübung verändert. Nach dem Meditationstraining hat sich in einem vorderen Teil der Hirnrinde die Isolierung der Nervenzellfortsätze (Axone) deutlich verbessert, was zu einer schnelleren Durchleitung von Signalen führt. Dieser sogenannte anteriore singuläre Cortex wird allgemein mit der Kontrolle von Wahrnehmung und Emotionen in Verbindung gebracht sowie mit der Fähigkeit, Konflikte zu lösen.

Das heißt, dass durch die Meditation bereits nach vier Wochen das Gehirn schnellere Signale zeigt und die Forscher sehen darin die Chance für neue Therapien von psychischen Erkrankungen. Wir möchten auch behaupten, dass man auch anders meditieren kann. Wir auf jeden Fall finden verschiedene Situationen, bei denen wir sehr gut entspannen können. Zum Beispiel: mit dem Rad durch die Natur radeln, schwimmen gehen und sich im Wasser vor sich hin treiben lassen, im Sprudelbad sitzen und die Wallungen an der Haut spüren, in einem Straßenkaffee sitzen und Leute beobachten, leichte Musik oder Meeresrauschen von einer CD oder MP3 Player hören und dabei die Augen schließen und träumen.

Versuchen Sie doch auch mal etwas zu tun, was Sie sonst selten machen oder noch nie getan haben. Malen Sie ein Bild, auch wenn Sie denken, Sie können nicht malen oder dekorieren Sie Ihre Wohnung neu. Visuelle Reize regen unsere Kreativität an und lenken uns vom Alltag ab.

Kennen Sie den Spruch von Jacques Rousseau? Der Geruchsinn ist der Sinn der Erinnerung und des Verlangens. Auch Düfte regen unsere Sinne an und jeder Duft gelangt über die Nase in bestimmte Teile des Gehirns. Der Duft stimuliert in Sekundenschnelle das vegetative Nervensystem. Die Gerüche setzen sich aus bis zu 500 Einzelwirkstoffen zusammen und es reichen oft nur wenige Substanzen, um einen Geruch zu erkennen.

Dem Vanillearoma sagt man zum Beispiel nach, dass es ein Glücksbote sei. Der süße Duft setzt Glückshormone frei und es hat eine positive Wirkung auf unsere Gedankenwelt. Rosenöl sorgt für gute Laune und Lavendel ist ein Schlummerkraut, das für eine ausgeglichene Wirkung sorgen kann. Der eingeatmete Duft gelangt durch die Nase auf unsere Riechschleimhaut. Dort sitzen zirka 10 Millionen Riechnervenzellen, wo jede Riechzelle auf einen speziellen Duftstoff spezialisiert ist.

Die Düfte wecken Erinnerungen in uns und einige Gerüche versetzen uns zurück in unsere Kindheit. Gefährliche Düfte wie z. B. Modergeruch oder Brandgeruch warnen uns ein Leben lang. Dagegen bleiben uns die Düfte, mit denen uns ein schönes Ereignis verbindet, in guter Erinnerung.

Was ist Yin & Yang?

Yin und Yang ist ein philosophischer Ausdruck für Gegensätze: Es gibt nicht nur schwarz oder weiß, männlich oder weiblich, kalt oder heiß. Es soll verdeutlichen, dass nur in der Einheit der Gegensätze eine Entwicklung möglich ist - denn wer nicht weiß, was groß ist, der kann auch nicht wissen, was klein ist. Man könnte auch sagen: Yin und Yang sind die Gegenpole des chinesischen Denkens. In jedem Teil liegt der Keim des jeweils anderen.

Yin und Yang wird grafisch mit zwei Punkten dargestellt.

Das Gegensätzliche findet sich z. B.:

- Warm und Kalt
- Hell und Dunkel
- Mann und Frau
- Schwarz und Weiß
- Groß und Klein
- Unten und Oben
- Weich und Hart

Sicherlich können auch Sie diese Liste mühelos fortsetzen.

Ins Deutsche übersetzt heißen Yin „Schattenseite des Berges" oder „schattige Uferseite des Flusses" und Yang bedeutet: „Sonnenseite des Berges" oder „sonnige Uferseite des Flusses".

Das Zeichen „Yin und Yang" hat ihre Bedeutung in der Chinesischen Medizin und in der Chinesischen Philosophie. Sie teilt die Menschen zum Beispiel in Yin- und Yang-Typen ein. Entsprechend dieser Typisierung brauchen die unterschiedlichen Menschen auch verschiedene Ernährungsweisen.

Das System von Yin und Yang ist die Grundlage der Feng Shui! Die Zeichen Yin und Yang sind die Gegenpole chinesischen Denkens - in jedem Teil liegt der Keim des jeweils anderen, was grafisch mit zwei Punkten dargestellt wird.

Seit dem fünften Jahrhundert vor Christi Geburt wurden diese Zeichen in der chinesischen Philosophie benutzt. Der Begründer dieser Philosophie ist der Philosoph Lao-Tse, der im 6. Jahrhundert vor Christus lebte und das Buch „Tao Te King" niederschrieb. Dieses Buch Tao te King umfasst 81 Kapitel z. B. über Bewusstwerdung, innere Gestaltung, Führung und Organisation. Nach den Lehren der traditionellen chinesischen Medizin fließen Yin und Yang durch unseren Körper. Sie müssen in einem Gleichgewicht sein, damit sich keine Blockaden in den Energiebahnen bilden. Leider werden Yin und Yang viel mit Esoterik in Verbindung gebracht und auch missbraucht.

Man sagt:

Im Physiologischen dominieren Yin und Yang bestimmte Abschnitte im menschlichen Körper.

So kontrolliert Yin:

- die inneren

- unteren

- ventralen Teile des Körpers

und Yang die:

- äußeren

- oberen und

- dorsalen Bereiche.

Ein chinesischer Arzt diagnostiziert eine Krankheit durch Überprüfung des Pulses und die Wahrnehmung eines Ungleichgewichtes im so genannten Qi - Dieses wird als Lebensenergie übersetzt. Alle therapeutischen Maßnahmen in der chinesischen Medizin zielen darauf ab, Yin und Yang wieder auszutarieren. Der Arzt wird versuchen, durch Abtasten, Fühlen, Sehen, Hören und Riechen herauszufinden, wodurch das Gleichgewicht von Yin und Yang gestört wurde. Er wird auch den Puls fühlen, den Urin ansehen sowie Zunge, Augen, Nase, Ohren, Mund und Zähne inspizieren.

In unserer heutigen Zeit nehmen Zivilisationserkrankungen rapide zu, darunter sind:

➢ Diabetes

➢ Rheuma

➢ Darmerkrankungen

➢ Hauterkrankungen

➢ Krebserkrankungen

➢ Chronische Rückenschmerzen

➢ Depressionen

Die Schulmedizin, die wir in der westlichen Welt kennen, stößt hier oft an ihre Grenzen - immer mehr Menschen suchen nach Alternativen und dazu gehört die Traditionelle Chinesische Medizin.

Die Eigenschaften von Yin & Yang

- Sie sind Gegensätze

- Sie stärken sich

- Sie sind die Grundlagen für Feng Shui

- Sie befinden sich immer in der Veränderung

- Sie treten niemals alleine auf, sondern gemeinsam

- Yang = positive Kraft, steht für männlich, Sommer, Feuer, Sonne, Bewegung, Überfunktion

- Yin = negative Kraft, steht für weiblich, Nacht, Winter, Wasser, Mond, Ruhe, Unterfunktion

- An der Spitze des Yang steigt Yin auf und Yang ab

- An der Spitze des Yin steigt Yang auf und Yin ab

- Das Yin kann ohne das Yang nicht sein

Der chinesische Begriff „Qi" bedeutet:

- Lebenskraft
- Energie
- Atem
- Fluidum
- Luft
- Äther
- Gas
- Dampf
- Hauch
- Temperament
- Atmosphäre
- Kraft

Qi kann in der Natur und auch im Organismus als Antriebskraft betrachtet werden:

- Geistige Regungen
- Verdauung
- Wärmen
- Umwandeln
- Schützen und Verteidigen
- Transport
- Halten

Wenn Qi ausreichend vorhanden ist und harmonisch unseren Organismus durchfließt, sind wir gesund. Wir können unser Qi durch eine gesunde Lebensweise bewahren:

- Bewegung

- Ruhezeiten

- Ernährung

In der chinesischen Medizin heißt es auch: Wenn die Gefühle verdrängt werden, kommt es oft zu chronischen Störungen. Das sagen auch die Psychologen!

Zum Beispiel:

- Angst schwächt die Nieren

- Wut und Zorn schädigen die Leber

- Traurigkeit schwächt die Lungenenergie

- Erregung schädigt das Herz

- Grübeln führt zu Magen/Milz-Beschwerden

Wenn Sie in der Alternativ-Medizin Hilfe suchen, werden Sie lange nach einem seriösen Arzt suchen müssen. Schauen Sie genau hin, wenn Sie sich auf diese Alternative einlassen möchten.

Der Export von chinesischen Heilmitteln ist ein lukratives Geschäft geworden. Zum Beispiel ist der Bedarf an chinesischen Heilkräutern in Deutschland sehr groß und die meisten Kräuter werden aus China importiert. Die chinesische Regierung teilte mit, dass 1995 etwa 400.000 Tonnen chinesischer Arzneien in die ganze Welt exportiert wurden mit einem Wert von etwa 2 Milliarden US-Dollar.

Neuere Zahlen sind nicht bekannt, doch schätzt man den gegenwärtigen Umsatz auf weit über eine Million Tonnen und einen Exporterlös von etwa 12 Milliarden Euro. Ein kürzlich von Greenpeace veröffentlichter Bericht weist darauf hin, dass derzeit möglicherweise chinesische Arzneimittel in deutschen Apotheken im Umlauf sind, die erhöhte Werte an Schwermetallen und Pestiziden aufweisen.

Quelle: Gift aus der Apotheke: greenpeace magazin 4.04Chinesische Heilkräutertees sind mit Schwermetallen und Pestiziden belastet, ergaben Laboruntersuchungen.

http://www.greenpeace-magazin.de/index.php?id=3150

Die Traditionelle Chinesische Medizin (TCM) ist in den letzten Jahren immer bekannter und beliebter geworden - nicht nur, weil die Schulmedizin von vielen Patienten zunehmend kritisch gesehen wird. TCM ist aber auch ein Modetrend, der von den Medien gefördert wird und gleichzeitig interessieren sich auch immer mehr Schulmediziner für alternative Behandlungsmethoden.

❖ Zitat von Dalai Lama: Es ist wichtig zu wissen, dass es drei Arten von Weisheit gibt: Weisheit, die aus dem Hören entsteht, Weisheit, die aus dem Nachdenken entsteht, und Weisheit, die aus der Meditation entsteht.

Quelle:

Buchdaten: PSYCHOLOGIE KURZ UND KNAPP VERPACKT - Hilfreiches Wissen für die Seele

Autoren: Sabine Beuke und Jutta Schütz

Verlag: Books on Demand – EUR 13,90

ISBN-13: 9783732234929 - ISBN-10: 3732234924

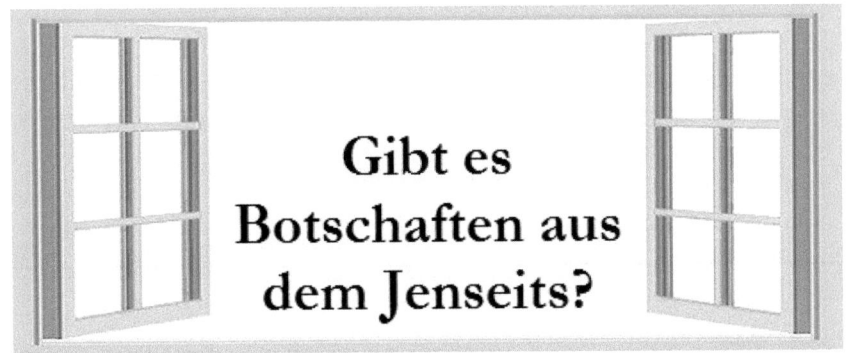

Gibt es Botschaften aus dem Jenseits?

Gibt es Botschaften aus dem Jenseits - oder sind Menschen, die von übersinnlichen Erfahrungen berichten, schlicht und einfach verrückt?

Seriöse Forscher streiten bis heute darüber, ob Telepathie oder Telekinese möglich sind oder nicht. Gibt es Vorhersagen, was in der Zukunft passiert, oder ist das nur Science-Fiction?

Quelle:

http://www.spiegel.de/wissenschaft/mensch/psychologen-streit-forscher-empoeren-sich-ueber-hellseherei-studie-a-738163.html

Man versteht unter der Parapsychologie die Anwendung empirischer Forschungsstrategien auf Erlebnisse und Verhaltensweisen des Menschen, die aus dem bisher bekannten Erklärungsrahmen der etablierten Disziplinen von Psychologie, Biologie und Physik herauszufallen scheinen. Die Parapsychologie beschäftigt sich jedoch auch mit weiteren Anomalien, wie z. B. merkwürdige physikalische Phänomene oder ungewöhnliche menschliche Erfahrungen. Auch Skeptiker und Atheisten glauben an übernatürliche Phänomene. Irrationale Erklärungsmuster sind ein Erbe der Evolution.

Die Phänomene welche die Parapsychologie untersucht werden grundsätzlich als Psi-Erscheinungen bezeichnet. Die Parapsychologie sieht sich als ernst zu nehmende Forschung welche mit streng wissenschaftlichen Methoden arbeitet. Die Parapsychologie fand seit dem

Ende des vorigen Jahrhunderts vor allem in England und Amerika Anhänger. Sie sieht es als erwiesen an, dass es seelische und körperliche Vorgänge gibt, die in die wissenschaftliche Systematik nicht eingeordnet werden können. Das IGPP bekommt häufig Anfragen nach Studien, Ausbildungs- oder Berufsmöglichkeiten auf dem Gebiet der Parapsychologie. Parapsychologie ist aber als selbständiges Studienfach an keiner deutschen Universität zugelassen und ist auch juristisch nicht geschützt. Leider wird es oft für unseriöse Zwecke und Geschäftemacherei missbraucht (Stand: 2013).

IGPP:

Institut für Grenzgebiete der Psychologie und Psychohygiene e.V. - Wilhelmstraße 3a, D-79098 Freiburg i.Br.

http://www.igpp.de/german/welcome.htm

Sie nennen sich:

- Hellseher

- Magier

- Heiler

- Parapsychologe

Mitunter werden an deutschen Fachhochschulen diese Themen in Vorlesungen und Seminaren in sozial- und kulturwissenschaftlichen Fächern (Ethnologie, Religions-, Geschichts- oder Literaturwissenschaft sowie Psychologie) behandelt. Walter von Lucadou, der in Freiburg die einzige Parapsychologische Beratungsstelle Deutschlands leitet, beschäftigt sich mit Spukgeschichten.

Pro Jahr bekommt er mehr als 3000 Hilfegesuche. Unter den Anrufern sind Schüler genauso wie ältere Menschen, Hausfrauen und Manager. Können Menschen spüren, wie die Zukunft die Gegenwart beeinflusst? Der Psychologieprofessor Daryl Bem will das belegt haben, aber Skeptiker hauen ihm seine Daten um die Ohren. Daryl Bem ist nicht irgendwer – jeder Psychologiestudent kennt ihn.

Der emeritierte Professor der Cornell University, beschäftigt sich nicht nur mit dem Paranormalen, er ist vor allem wegen seiner psychologischen Forschungsarbeit durchaus renommiert. Vielleicht lässt sich so erklären, dass das „Journal of Personality and Social Psychology", eine angesehene Fachzeitschrift, im Jahr 2011 eine Arbeit von Bem veröffentlicht, die mit einem vermeintlichen Beleg für die sogenannte Präkognition aufwartet.

Quelle:

Spiegel - Von Nina Weber – Artikel: Psychologen-Streit: Forscher empören sich über Hellseherei-Studie.

Erklärung des Wortes „emeritiert": Ein emeritierter Hochschullehrer (Emeritus bzw. Emerita, Abk.: em.) befindet sich in einer Art Teil-Ruhestand. Manche Anwalts- oder Steuerberatungskanzleien benutzen die Bezeichnung „emeritiert" für aus der aktiven Geschäftsführung ausgeschiedene Partner. Weitere Quelle zu Parapsychologie:

http://www.stuttgarter-zeitung.de/inhalt.parapsychologie-sieht-der-mensch-in-die-zukunft.371af212-c59d-4210-b892-60ee8f6c57e2.html

Zitat aus der Tagesspiegel - Gesundheit Parapsychologie: Der sechste Un-Sinn von Rolf Degen:

„Erfolgreiche" Psi-Experimente bringen stets nur relativ schwache Anomalien mit Trefferquoten von wenigen Promille Abweichungen vom erwarteten Zufallswert zum Vorschein, gibt der amerikanische Psychologe Geoffrey Dean zu bedenken. „Da Psi, wenn überhaupt, nur als leichte Abweichung vom Zufall existiert, und solche Abweichungen viele andere, nicht außersinnliche Ursachen haben können, sind sehr strenge methodische Kontrollen nötig."

Quelle: *http://www.tagesspiegel.de/weltspiegel/gesundheit/parapsychologie-der-sechste-un-sinn/165348.html*

Der Forscher David Wilde von der University of Manchester macht ein bisschen Hoffnung. Er spricht von einer Standardisierung und von methodologischen Tests gegenüber der Parapsychologie. In Wirklichkeit aber arbeitet Wilde mit Hightech als Werkzeug an einem System, das endlich nachweisbar machen soll, worüber die Menschheit seit Jahrhunderten grübelt: Gedankenübertragung. Ray Hyman, einer der hartnäckigsten Kritiker der Methoden von Honorton und anderen Erforschern parapsychologischer Phänomene, sagte: „Der erste, der auf diesem Gebiet einen Durchbruch erreicht, wird Newton und Einstein kümmerlich aussehen lassen."

Psi ist der 23. griechische Buchstabe und der Anfang des Wortes „Psyche" - was Seele bedeuten soll. Die naturwissenschaftliche Parapsychologie befasst sich ausschließlich mit dem Anteil dieser Psi-Phänomene, der wissenschaftlich zugänglich ist.

Telepathie wird beschrieben als eine Fähigkeit, Gedanken an jemanden zu senden und / oder von jemandem zu empfangen. Wenn es die Telepathie wirklich gibt, was ist sie dann? In England steht die „Society for Psychical research" (älteste parapsychologische Forschungs-Organisation Europas) an erster Stelle. Man nimmt die Experimente des amerikanischen Parapsychologen Joseph Banks Rhine (Duke-Universität) zur Kenntnis, steht aber seinen Schlussfolgerungen recht skeptisch gegenüber. Vielleicht können wir uns Telepathie aneignen oder unsere Antennen für die fünf Sinne sind doch nicht fein genug, weil uns das Wissen der Quantenphysik dafür einfach fehlt. Wenn das so sein sollte, dann ist auch offen, wo und wie sich die Verarbeitung des Wahrgenommenen vollziehen könnte.

❖ Zitat von Rupert Sheldrake: Ich behaupte, dass morphische Felder sozialer Gruppen die Bewegungen und Aktivitäten der einzelnen Lebewesen koordinieren, ganz gleich, ob es sich dabei um:

✓ Termiten handelt, die Hügel bauen

✓ Fische, die in Schwärmen schwimmen

✓ Menschenmassen

✓ Fußballmannschaften

✓ Familiengruppen, die soziale Felder verbinden

Diese morphischen Felder sozialer Gruppen stellen die evolutionäre Basis der Telepathie dar.

Quelle:

Buchdaten: PSYCHOLOGIE KURZ UND KNAPP VERPACKT - Hilfreiches Wissen für die Seele

Autoren: Sabine Beuke und Jutta Schütz

Verlag: Books on Demand – EUR 13,90

ISBN-13: 9783732234929 - ISBN-10: 3732234924

Nachwort

Das Wissen um die Endgültigkeit der Situation „dem Tod" ist für die Hinterbliebenen oft die schwerste Last, aber mit dem Tode eines Menschen verliert man niemals, die mit ihm verbrachte Zeit.

Die Zeit heilt alle Wunden - sie füllt die Lücke aber nicht! Die Erinnerung bleibt für immer – und das ist gut so. Es fällt uns sehr schwer Abschied zu nehmen, viele Gedanken stürmen auf einen ein. Die Gedanken müssen geordnet und Gefühle bewältigt werden. Wir hätten gerne noch VIELES besprochen, vielleicht auch einiges wieder gut gemacht…

Ich wünsche Ihnen Hoffnung, Kraft und Liebe
Ihre Jutta Schütz

BUCHTIPPS

PSYCHOLOGIE KURZ UND KNAPP VERPACKT

Hilfreiches Wissen für die Seele

Autoren: Sabine Beuke & Jutta Schütz

Verlag: Books on Demand - € 13,90

ISBN-13: 9783732234929 - ISBN-10: 3732234924

Auf der Grundlage von geschulter Menschenkenntnis und psychologischen Erkenntnissen vermittelt dieses Buch viele interessante Informationen und gewinnbringende Selbsterkenntnis. Die Autorinnen „Jutta Schütz & Sabine Beuke" verstehen es, verstreutes „psychologisches Wissen" einzusammeln, zu ordnen und in eine passende Form zu bringen. Sie schärfen Ihre Sinne und erklären, was Sie schon immer über sich selbst wissen wollten, von der Entstehung Ihrer Persönlichkeit bis hin zu Ihren Konflikten und deren Lösungen. Sie geben Ihnen die Möglichkeit, sich mit sich selbst auseinander zu setzen und beleuchten auch die Gründe für vielfältige Verhaltensweisen. Die dadurch erreichbare Selbsterkenntnis kann helfen, Ihre Probleme besser zu lösen. Wer Ursache und Wirkung seiner selbst erkennt, hat die Kraft sich zu ändern.

Das Buch ist geeignet für Menschen ohne psychologisches Vorwissen und kann in Lebenskrisen helfen.

Es ist voll mit Wissen über das, was wir jeden Tag tun, jedoch oft ohne es zu wissen. Psychologisch erklären die Autorinnen „Jutta Schütz & Sabine Beuke" in diesem Buch, warum wir sind, wie wir sind, was wir ändern können und wie viel wir selbst lenken oder umlenken könnten, wenn wir uns durch dieses Buch auf die Sprünge helfen lassen.

Autismus verstehen:
Ratgeber für Hilfesuchende
Autorin Jutta Schütz - Verlag: Books on Demand - € 3,90
ISBN-10: 3734790212 und ISBN-13: 978-3734790218

Der Autismus hat viele Gesichter, wer sich nicht mit diesem Thema auseinander setzt, kann es kaum glauben, dass es Autisten gibt, die auf den ersten Blick völlig normal wirken. Autismus gehört zu den schwersten psychischen Störungen, dessen Symptome ebenso das Jugend- und Erwachsenenalter betreffen. Nach heutigem Erkenntnisstand werden mit autistischen Störungen vielschichtige Phänomene beschrieben, welche von Geburt an vorliegen oder in den ersten Lebensjahren auftreten und fortbestehen. Autisten können nur selten eine Beziehung zu ihrer Umwelt aufbauen. Manche Autisten haben eine geistige Behinderung oder erreichen eine normale Intelligenz. Es gibt auch überdurchschnittlich intelligente Autisten. Diese haben eine sogenannte Inselbegabung. Nicht jede Verzögerung der Entwicklung muss gleich die Diagnose Autismus bedeuten, es sind verschiedene Untersuchungen notwendig. Und darüber hinaus sind autistische Störungen bei jedem Kind unterschiedlich stark ausgeprägt.

Das Wort AUTISMUS ist ein Sammelbegriff für verschiedene tiefgreifende Entwicklungsstörungen (Autismus-Spektrum-Störung). Die Diagnose „Autismus" wird in Deutschland oft erst im Alter von drei bis sechs Jahren gestellt und bei „Asperger" noch viel später. Viele Kinder scheinen bis zum ersten oder zweiten Lebensjahr eine normale Entwicklung zu durchlaufen. Die meisten Eltern von Kindern mit Autismus spüren schon früh, dass etwas mit ihrem Kind nicht stimmt. Sie finden aber selten das richtige Gehör bei Ärzten. Es vergehen oft viele wertvolle Jahre bis zur richtigen Diagnosestellung. Eine reine Autismus-Diagnose bringt dem Kind nichts. Wichtig ist auch eine Überprüfung der Intelligenz, der Sprachentwicklung und Motorik. Viele Eltern sind am Anfang sehr geschockt. Das ist auch ganz verständlich, schließlich handelt es sich um eine lebenslange Diagnose.

CANNABIS im medizinischen Einsatz
(Mehr als nur eine Droge)

Autorin: Jutta Schütz

Verlag: Books on Demand (10. August 2015)

Sprache: Deutsch - € 4,99

ISBN-10: 3738632824 und ISBN-13: 978-3738632828

Cannabis ist in unseren Breitengraden als Rauschmittel bekannt, dabei hat es medizinisch einen hohen Nutzen. Einige Substanzen in Haschisch und Marihuana haben erstaunliche medizinische Wirkungen. Aus diesen Gründen wird Hanf auch in der Medizin eingesetzt. Die Anwendung ist streng geregelt. Cannabis wird schon länger in der Medizin eingesetzt. Die Pflanze kann die Leiden chronischer Schmerzpatienten verringern und die Übelkeit und das Erbrechen von Krebspatienten lindern.

Es ist die am häufigsten konsumierte illegale Substanz in Deutschland. Zirka zwei Millionen Menschen in Deutschland greifen nach Angaben der Drogenbeauftragten der Bundesregierung regelmäßig zu Cannabis. Vor allem Jugendliche und junge Erwachsene probieren den Rausch der Pflanze aus.

Spricht man medizinisch von Cannabis, so meint man Cronabinol.

Der Hanf zählt zu den ältesten Nutz- und Zierpflanzen der Welt. Beide Arten werden vielseitig genutzt. Neben dem Gebrauch als Faserpflanze und Drogenpflanze findet Hanf auch als Heil- und Ölpflanze Verwendung.

INHALTSVERZEICHNIS

Einleitung, Was ist Cannabis?, Die Hauptwirkstoffe THC und CBD, Es werden folgende Cannabisprodukte unterschieden, BfArM informiert, THC-Konsum ist über mehrere Wochen nachweisbar, Die Nachweisbarkeitsdauer hängt von vielen Faktoren ab, Seit wann gibt es Cannabis?, Wie schädlich ist Cannabis für das Gehirn?, Macht Cannabis abhängig?, CANNABIS im Einsatz in der Medizin, Cannabis bei Multipler Sklerose, Cannabis bei Diabetischer Kardiomyopathie, Cannabis bei Parkinson, Cannabis bei Kindern im Fall einer Epilepsie, Cannabis bei AD(H)S, Cannabis bei Migräne, Cannabis ab 2016 auf Rezept?, Erlaubter Anbau von Cannabis, Gewerblicher Cannabis-Anbau, Die rechtliche Situation, Infos zur Drogensucht

LOW-CARB - 555 Rezepte/BEST OF

Autoren: Jutta Schütz, Sabine Beuke

Verlag: Books on Demand

Paperback - 244 Seiten - € 9,99

ISBN 978-3-7386-3677-2

Es gibt 555 Rezepte – alle ohne Zucker sowie viele Infos zur Gesundheit!

Die kohlenhydratarme Ernährung „Low Carb" verzichtet auf Produkte wie Zucker, Kartoffeln, Reis, Brot und Nudeln. Wie man die Low Carb Philosophie im Alltag in Rezepte umsetzen kann, können Sie sich in diesem großen Buch ansehen. Die richtigen Lebensmittel stärken nicht nur unseren Körper, sie halten uns auch gesund.

Es gibt bestimmte Lebensmittel, die lösen im Körper eine Mini-Entzündung aus, schwächen das Immunsystem und lassen ihn mit der Zeit alt aussehen. Sehr oft sind es Produkte, die Zucker enthalten oder zu viele Kohlenhydrate die sich im Körper in Zucker umwandeln. Prinzipiell gilt, je niedriger der Zuckergehalt eines Lebensmittels ist, desto besser funktioniert die Verdauung im Körper.

Es braucht nun mal Zeit und Geduld und Beharrlichkeit, um jahrelange oder sogar jahrzehntelange Fehler in der Lebensweise wieder auszugleichen. In den aktuellen wissenschaftlichen Studien setzt sich immer mehr die Meinung durch, dass die Kohlenhydrate Mitverursacher ernährungsbedingter Zivilisationskrankheiten sind.

Die Low Carb Bücher der Autorinnen „Sabine Beuke & Jutta Schütz" haben sich einen festen Platz in den Bestsellerlisten und in der Presse erobert.

Die Autorinnen vermitteln mit ihren Büchern Motivation pur und räumen mit alten Vorurteilen auf. Anhand von vielen wissenschaftlichen Berichten von Ernährungsforschern nehmen sie die Angst vor einer kohlenhydratarmen Ernährung. Wer ihre Bücher kennt, stellt schnell fest, dass es auch viele Rezepte gibt, und dass sich die Ernährung abwechslungsreich gestalten lässt. Wichtige Informationen, die man über die Ernährung und Verdauung sonst nirgends lernt – in ihren Büchern kommen sie äußerst anschaulich und gut verdaulich auf den Tisch.

Wer Ratgeber oder Sachbücher schreibt, sollte das Wissen so aufbereiten, dass es auch Laien verstehen können. Die Autorinnen haben die Voraussetzung, Fachwissen kompakt zusammen zu fügen und dieses verständlich zu erklären.

Dabei ist es wichtig, das Wissen eines Laien im Auge zu behalten. Beide Autorinnen haben schon mehrere Ratgeber geschrieben und der Erfolg gibt ihnen Recht. Wer sich einem bestimmten Thema widmet, muss stets ein Stück weit über den Tellerrand hinausschauen.

http://www.jutta-schuetz-autorin.de/
http://www.sabinebeuke.de/

Zum Beispiel informiert dieses Buch über den Zucker:

Zirka 36 Kilo Zucker verputzt der Durchschnittsdeutsche in einem Jahr. Zucker hat viele negative Auswirkungen auf den Körper – er macht krank, müde, depressiv und antriebslos. Der Zucker ist süß und verführerisch und vielleicht auch gefährlich…

Es gibt viele Bezeichnungen für Zucker

- Lävulose
- Fructose
- Farin
- Glucosesirup
- Saccharose
- Glucose
- Dextrose
- Maltrodextrose
- Invertzucker
- Maltrose
- Lactose

Auch der Milchzucker, Fruchtzucker, brauner Zucker, Rohrzucker oder Traubenzucker sind keine guten Zuckerarten.

Steht auf den Lebensmittelverpackungen „ohne Zucker", bedeutet dies: Es wurde kein Haushaltszucker (Saccharose) verwendet oder hinzugefügt. Aber Vorsicht, dennoch können andere Zuckerarten zum Einsatz gekommen sein.

Glukose besteht aus einer ringförmigen Verbindung, sechs Kohlenstoff Atomen und jedes dieser sechs Atome hat vier chemische Bindungen. Die linksdrehende Vergärung der Kohlenhydrate kann der Mensch nicht so gut abbauen. Rechtsdrehende Milchsäuren (Fleisch) dagegen sind nicht so gefährlich.

Viele Menschen haben eine Übersäuerung des Gewebes durch zu viele Kohlenhydrate und nicht, wie oft angenommen wird, durch zu viel Fleischgenuss und tierischem Eiweiß. Wer mehr über Glukose erfahren möchte, siehe Wikipedia:

http://de.wikipedia.org/wiki/Glucose

Jedes Buch der Autorin Eva Schatz ist für NUR 3,99 Euro erhältlich. Gute Ratgeber müssen keine 100 Buchseiten haben. Wichtig ist, dass der Autor auf den Punkt kommt.

Das 3. Buch handelt von der Ernährungsform Low Carb und MS! Das andere Lowcarb-Buch: Kohlenhydratarme Ernährung (21 Rezepte). Dieses kleine Büchlein bringt die richtige Dosis an Informationen über Low-Carb, ohne zu überfordern (mit 21. Rezepte).

Seit ein paar Jahren gibt es wissenschaftliche Studien, dass auch bei Multiple Sklerose positive Wirkungen mit einer Low-Carb Ernährung beobachtet wurden. Bei vielen neurologischen Erkrankungen, wie MS, Epilepsie, Demenz, Alzheimer und Parkinson, spiele oxidativer Stress eine Rolle. Ein Zuviel an Kohlenhydraten könne diesen oxidativen Stress verstärken. Es wird berichtet, dass oxidativer Stress - sogenannte freie Radikale beim Stoffwechsel entstehen lässt, welche die Entstehung von Krebs begünstigen können.

Einige Studienteilnehmer hätten später berichtet, dass sie geistig wacher seien. Probanden der MS-Studie der Charité sagten, deutlich verbessert habe sich auch ihre Beweglichkeit.

Nach dem großen Erfolg von „Das andere MS-Buch" hat sich die Autorin entschlossen, mehrere „kleine Büchlein für den kleinen Geldbeutel" zu veröffentlichen.

Das andere Migräne-Buch: Das Gewitter im Kopf

Autor: Eva Schatz

Verlag: Books on Demand; Auflage: 1 (2. April 2015)

Sprache: Deutsch

ISBN-10: 3734781132 und ISBN-13: 978-3734781131

Das andere MS-Buch: Multiple Sklerose

Autor: Eva Schatz

Verlag: Books on Demand; Auflage: 1 (17. Februar 2015)

Sprache: Deutsch

ISBN-10: 3734765196 und ISBN-13: 978-3734765193

Das andere Lowcarb-Buch: Kohlenhydratarme Ernährung (21 Rezepte)

Autor: Eva Schatz

Verlag: Books on Demand; Auflage: 1 (8. Juni 2015)

Sprache: Deutsch

ISBN-10: 3734780934 und ISBN-13: 978-3734780936

Scheherazades Rezepte für Singles

Autor: Eva Schatz

Verlag: Books on Demand; Auflage: 1 (25. September 2014)

Sprache: Deutsch

ISBN-10: 3735750605 und ISBN-13: 978-3735750600